I0400972

www.ingramcontent.com/pod-product-compliance
Lightning Source LLC
Chambersburg PA
CBHW052102110526
44591CB00013B/2312
9781950396115

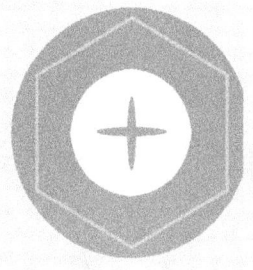

فهمُ العشاء الربّانيِّ

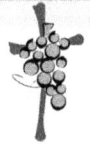

أساسيَّات الكنيسة

فهمُ العشاء الربَّانيِّ

محرِّر السلسلة **جوناثان ليمان**

المؤلِّف **بوبي جاميسون**

فهم العشاء الربَّانيِّ

Originally published in English under the title:
Understanding the Lord's Supper

Copyright © 2016 by Robert Bruce Jamieson and 9Marks
All rights reserved.

Printed in the United States of America
9Marks ISBN: 978-1-950396-11-5

Published by B&H Publishing Group
Nashville, Tennessee

الطبعة الول ٢٠٢١

الكتاب: فهم العشاء الربَّانيِّ – سلسلة أساسيَّات الكنيسة ٢
المؤلف: بوبي جاميسون
الناشر: طائفة الكنيسة المعمدانية الأردنية بالتعاون مع دار منهل الحياة – لبنان
الترقيم الدولي: 978-614-460-084-9
بريد إلكتروني: info@Jordanbaptist.org
ترجمة: يزن غطّاس

دار منهل الحياة
Dar Manhal al Hayat

Jordan Baptist Convention
الطائفة المعمدانية الأردنيّة

يُطلب هذا الكتاب من المكتبة المعمدانية الأردنية
لطلب الكتاب يمكنكم الاتصال بنا على الرقم ٩٦٢٧٩٠٨٤٠٩٦٨+
أو مراسلتنا عبر البريد الإلكتروني التالي Bookshop@jordanbaptist.org

الفهرس

تقديم سلسلة أساسيَّات الكنيسة ٧

تمهيد ١١

مقدِّمة ١٣

الجزء الأوَّل: لمحات

الفصل الأوَّل: وجبة سريعة ١٧

الفصل الثاني: مختوم بالدم ٢١

الفصل الثالث: الرِّفقة المناسبة ٢٥

الفصل الرابع: تعالوا معًا ٢٩

الفصل الخامس: الأفضل في النهاية ٣٣

الجزء الثاني: الحديث عن العلامة

الفصل السادس: ما العشاء الربَّانيّ؟ ٣٧

الفصل السابع: ماذا الذي يجعلنا إيَّاه العشاء الربَّانيّ؟ ٤٩

الجزء الثالث: التخطيط للمائدة

الفصل الثامن: ما التجمُّع الذي يُمكن أن يُحتفل فيه بالعشاء الربَّانيّ؟ ٥٧

الفصل التاسع: من يُمكنه أن يُشارك في العشاء الربَّانيّ؟ ٦٣

الفصل العاشر: من ينبغي له أن يقود العشاء الربَّانيّ؟ ٧٥

الفصل الحادي عشر: كيف ينبغي للكنائس أن تحتفل بالعشاء الربَّانيّ؟ ٧٩

الفصل الثاني عشر: كيف ينبغي للأفراد أن يأتوا إلى العشاء الربَّانيّ؟ ٨٥

مراجع ٨٩

فهرس الشواهد الكتابيَّة ٩١

"ها الحقائق الكتابيَّة والحقائق التاريخيَّة تجتمعان مع واقع الحياة اليوميَّة.

لقد قدَّم لنا جاميسون مرَّة أُخرى أفضل ما يُمكِن".

مارك دَفر

تقديم سلسلة أساسيَّات الكنيسة

الحياةُ المسيحيَّة هي الحياة الكنسيَّة؛ وهذه قناعةٌ كتابيَّة جوهريَّة تملأ صفحات كلِّ كتابٍ من كُتب سلسلة أساسيَّات الكنيسة.

وتؤثِّر هذه القناعة بدورها في الكيفيَّة التي يتناول كلُّ كاتب موضوعه. فيُعالَج موضوع العشاء الربانيِّ، مثلًا، لكونه مائدة شركة عائليَّة مع المسيح ومع شعبه، لا لكونه ممارسة خصوصيَّة تصوُّفيَّة بينك وبين المسيح. ولا يُنظر إلى الإرساليَّة العظمى لكونها رخصة للذهاب إلى الأمم للشهادة الفرديَّة عن المسيح، بل لكونها تكليفًا للكنيسة بأسرها لتُتمِّمها الكنيسة بأسرها. كما تُعدُّ سُلطة الكنيسة منوطة بالرعيَّة كلِّها لا بالقادة فقط، وهذا لأنَّ كلَّ عضوٍ له وظيفة معيَّنة، بمن فيهم أنت.

ويجدر بالذكر أنَّ كلَّ كتابٍ كُتب لعضو الكنيسة العاديّ؛ فإن كانت الحياة المسيحيَّة حياةً كنسيَّة، يجب عليك بصفتك مؤمنًا مُعمَّدًا وعضوًا في الكنيسة أن تفهم هذه المواضيع الرئيسيَّة. وكما عَهَدَ إليك يسوع المسيح دعم رسالة الإنجيل خاصَّته وحمايتها، عَهَدَ إليك أيضًا دعم شعب هذه الرسالة وحمايتهم؛ وأعني بهذا الكنيسة. وستشرح هذه الكُتب كيفيَّة عمل ذلك.

تصوَّر أنَّك صاحبُ أسهمٍ في مؤسَّسة خدمة إنجيل المسيح. ماذا يفعل أيُّ صاحب أسهمٍ بارع؟ يدرس مؤسَّسته ويدرس سوق العمل ويدرس المنافسة فيه، إذ يرغب في أفضل عائدٍ لاستثماره. وأنت، أيُّها المسيحيُّ، استثمَرتَ حياتك بأكملها في رسالة الإنجيل، لذا تهدف السلسلة إلى تعزيز سلامة رعيَّتك المحلِّيَّة وربحها الملكوتيِّ في سبيل مقاصد إنجيل الله المجيد.

هل أنت مستعدٌّ لمباشرة العمل؟

جوناثان ليمان
مُحرِّر السلسلة

كُتب أخرى تجدها في سلسلة أساسيَّات الكنيسة:

- **فهم المعموديَّة** لبوبي جاميسون
- **فهم العشاء الربَّانيِّ** لبوبي جاميسون
- **فهم القيادة الكنسيَّة** لمارك ديفير
- **فهم سلطة الرعيَّة** لجوناثان ليمان
- **فهم التأديب الكنسيِّ** لجوناثان ليمان
- **فهم الإرساليَّة العُظمى** لمارك ديفير

تمهيد

"سلسلة أساسيَّات الكنيسة" سلسلةٌ لا بدَّ منها في كلّ مكتبة؛ ففي مكتبة المسيحيِّ الملتزم، هي دليلٌ للتعمُّق في بعض أساسيَّات الإيمان المسلَّم مرَّةً إلى القدِّيسين. وفي مكتبة الباحث، هي مصدرٌ غنيٌّ لفَهْم هذه الأساسيَّات دون اللجوء إلى مصادرَ تفتقرُ إلى الموثوقيَّة؛ حيث إنَّ كلّ موضوعٍ مبنيٌّ على أساسٍ كتابيٍّ صريحٍ وثابت. وفي مكتبة المسيحي غير الإنجيليّ، هي تفسيرٌ سَلِسٌ وواضحٌ لهذه العقائد الإنجيليَّة لا يتركُ مجالًا لما يُشاع من مُغالاطات أو تأويلات.

وتكمنُ أهمِّيَّة السلسلة أيضًا في المواضيع التي تعالجها؛ فمَوضوعا المعموديَّة والعشاء الربَّانيِّ عقائديَّان بامتياز يشرحان بتجرُّد وسندٍ كتابيٍّ عقائدَ فيها آراء مختلفة. وقد يكونُ جزءٌ من هذا التباين في الآراء عائدًا إلى عدم وضوح التعليم الإنجيليِّ من جهة، وعدم التعاطي بحرِّيَّةٍ وقبولٍ مع الرأي الآخر من جهةٍ أُخرى. أمَّا المواضيع الأخرى فتُعنى بشؤون الكنيسة وترتيباتها الداخليَّة، من قيادة الكنيسة إلى سُلطة الرعيَّة وفهم التأديب الكنسيّ.

في كلِّ الحالات، تأتي "سلسلة أساسيات الكنيسة" لتسدَّ ثغرةً في المكتبة المسيحيَّة، وتضعَ بين يدَي القارئ مصدرًا يُغني حياتَه الروحيَّة وفكرَه وفهمَه لهذه المسائل في إطارِ كتابٍ صغيرِ الحجم تسهلُ قراءتُه في وقتٍ قصير. هذه كتبٌ لا بدَّ منها.

القس تشارلي قسطه

رئيس مجمع الكنائس المعمدانيَّة الإنجيليَّة في لبنان

مقدِّمة

أتذكُرُ ذاك الإحساس الذي يغمرك ويشعرك وكأنَّك في بيتك جرَّاء الجلوس إلى مائدة طعامٍ؟ أتذكر إحساسًا مخالفًا تمامًا يغمرك في موقفٍ مُشابه؟ ربَّما لا شيء يضاهي الدفء الذي يشعر به المرء لدى تناول وجبة طعامٍ مُعدَّة في البيت مع عائلةٍ وأصدقاءَ مُحبِّين. وأيضًا، لا شيء يضاهي الغرابة التي يشعر بها المرء لدى تناول طعامٍ لم يسمع به من قبل، بصُحبةِ أُناسٍ لم يُقابلهم قطُّ، في بلدٍ يجهل عاداته وتقاليده. لقد انتقلتُ حديثًا مع عائلتي إلى العيش في إنكلترا، حيث تزخر الضيافة، وإن كانت مُجرَّد تناول البازيلاء، بالأهميَّة الاجتماعيَّة. "البازيلاء؟!". هذا بالضبط ردُّ فعلي.

إن سألتَ غالبيَّة المسيحيِّين إذا ما تناولوا الطعام في الكنيسة من قبل، فلا بُدَّ أنَّهم سيقولون ما مفاده: "آه. لا! لا نتناول الطعام في الكنيسة. لكن من فترة إلى أُخرى، تُنظِّم الكنيسة نزهة نتشارك فيها الطعام معًا". ومن ناحية ما، هذا صحيحٌ.

لكن ماذا عن العشاء الربَّانيِّ؟ حسنًا، لا شكَّ أنَّه لا يملأ المعدة، لكنَّنا نأكل ونشرب فيه، وهذا بعضنا مع بعض. فماذا تُخبرنا هذه المائدة عن يسوع وشعبه؟ وما لها بالانتماء إلى عائلة المسيح؟

ستجد هذا الكتاب القصير كمُقدِّمة عن العشاء الربَّانيِّ يُخاطب جميع المسيحيِّين؛ أي كلَّ الذين يرغبون في تعلُّم المزيد عن هذه المائدة التي أعطانا إيَّاها يسوع. ومع أنَّ بعض الفصول قد تُهمُّ قادة الكنيسة بالتحديد، فإنَّها كُتبت أيضًا والكنيسة بأكملها في الحسبان.

لديَّ ثلاثة أهداف في هذا الكتاب، وثلاثتها متَّصلة بعضها ببعض:

١. **أن أرجع إلى الكتاب المُقدَّس.** أوَّلًا أهدِفُ إلى أن أبحث في تعاليم الكتاب المُقدَّس حول العشاء الربَّانيِّ وأُلخِّصها وأجمعها. وهذه الوظيفة الرئيسيَّة للفصول السبعة الأولى. فستجد الفصول الخمسة الأولى تعطي لمحات من تعليم الكتاب المُقدَّس عن العشاء الربَّانيِّ: مائدة الفصح التي تُنبئ به (الفصل الأوَّل)، وتأسيس يسوع له (الفصل الثاني)، وتعليمات بولس من ناحيته (الفصلان الثالث والرابع)، وعشاء عُرس الخروف الذي يُعدِّنا إليه (الفصل الخامس). أمَّا الفصل السادس، فيربط ما بين هذه الفصول بصياغة تعريفٍ للعشاء الربَّانيّ.

٢. **أن أصِل بين العشاء الربَّانيِّ والكنيسة.** في الفصل السابع يتجلَّى الهدف الثاني عندي، مع أنَّه ليس مخفيًّا قبل ذلك: وهو أن أُبيِّن كيفيَّة ارتباط العشاء الربَّانيِّ بالكنيسة المحلِّيَّة. في الحقيقة، يلعب العشاء الربَّانيُّ دورًا في جعل الكنيسة كنيسةً بجعل الكثيرين واحدًا. لم يُفكِّر إلَّا القليلُ من المسيحيِّين -بل القليلُ من الرعاةِ حتَّى، في ارتباط العشاء الربَّانيِّ ارتباطًا وثيقًا بالكنيسة المحلِّيَّة، لذا أودُّ أن أُسلِّط الضوء على أهميَّة العشاء الربَّانيِّ في تشكيل الكنيسة.

٣. **أن أُوفِّر مشورةً عمليَّة.** هدفي الثالثُ هو أن أُقدِّم مشورة كتابيَّة وعمليَّة تبيِّن الطريقة التي ينبغي أن تحتفل بها الكنائس والمسيحيُّون أفرادًا بالعشاء الربَّانيّ. وهكذا، سوف أطرح في الفصل الثامن حتَّى الثاني عشر مجموعة من الأسئلة، وسوف أُجيب عنها باعتماد الصورة الكتابيَّة التي رسمَتها الفصول السبعة الأولى. وهذه الأسئلة هي: ما التجمُّع الذي له أن يحتفل بالعشاء الربَّانيّ؟ من ينبغي له أن يقود فريضة العشاء الربَّانيّ؟ كيف ينبغي للكنائس أن تُمارس العشاء الربَّانيّ؟ و في النهاية، كيف للأفراد أن يُقبلوا على العشاء الربَّانيّ؟

لهذا الكتاب القصير رفيقٌ اسمه "**فهم المعموديَّة**"؛ وهذان يُكمِّلان بعضهما بعضًا، إذ ستجد أنَّ بعض المواضيع التي يناقشها هذا الكتاب بإيجاز يناقشها ذاك باستفاضة. إضافة إلى ذلك، وقبل كتابة هذَيْن الكتابَيْن القصيرَيْن، كتبتُ كتابًا متعمِّقًا أكثر اسمُهُ "**على الملأ: لماذا تُطلَب المعموديَّة لعضويَّة الكنيسة؟**" (Going Public: Why Baptism Is Required for Church Membership [B&H Academic, 2015]). ويلخِّصُ الفصلان السادس والسابع من الكُتيِّب هذا بعضًا من الحُجج في الفصل السادس من ذاك الكتاب، كما أستعير مقتطفات أُخرى حيث يلتقي الاثنان. لذا أُقدِّمُ جزيل شُكري للناشر الذي سمح لي بأن أقتطع ما ينفعني لأُقدِّمه هُنا.

كما أرجو أن تكون المقدِّمة قد فتحت شهيَّتك نحو بقيَّة الكتاب. وسنبدأُ حيث تبدأ جذور العشاء الربَّانيّ: بوجبة سريعة.

الفصل الأوَّل

وجبة سريعة

حينما أخرج الله شعبه من مصر، أمرهم أن يأخذوا وجبة "سريعة" معهم، ويُمكن أن نُسمِّيها أيضًا وجبة طعام "سَفَريّ". وهذه الوجبة السريعة عرَّفت الأُمَّة بأكملها؛ إذ جعلتهم يعرفون هويَّتَهم، ومن أين خرجوا، وما فعله الله ليُخلِّصهم.

كان نسل يعقوب يُسحق تحت وطأة طُغيان فرعون، والله لم يُرِد أن يستمرَّ لوقتٍ أطول ذاكرًا العهد الذي قطعه مع إبراهيم بأن يأتي بشعبه إلى أرض كنعان (تكوين ١٥: ١٢-١٧؛ خروج ٢: ٢٣-٢٥). وهكذا أرسل الله موسى وهارون ليُطالبا فرعون بتحرير الشعب، إلَّا أنَّ فرعون أبى إطلاق سراح من رآهم عبيده الخاصِّين، فأنزل الله به وبالمصريِّين ضربة بعد ضربة (خروج ٤-١٠). وفي النهاية، أعلن الله أنَّه يُهلك كلَّ بِكرٍ من أبناء المصريِّين، لأنَّ فرعون رفض أن يُطلق سراح إسرائيل، أُمَّةَ اللهِ البِكرَ (خروج ٤: ٢٢-٢٣؛ ١١: ١-١٠).

والنتيجة كانت أنَّ رحيل إسرائيل صار مُعَدًّا له. وفي ليلة تحريرهم، أمرهم الله أن يذبحوا حملًا من الخرفان أو الماعز ويرشُّوا أبوابهم بدمه ثُمَّ

يأكلوا لحمه مشويًّا، ولا يُبقوا منه شيئًا، بل يأكلوه كُلَّه تلك الليلة (خروج ١٢: ١-٨). وكان عليهم أن يأكلوا الحمل مشويًّا مع خُبزٍ غير مُختمر وأعشاب مُرَّة (عدد ٨). بل يوصيهم الربُّ بطريقة أكله: "أحقاؤُكُمْ مَشدودَةٌ، وأحذيَتُكُمْ في أرجُلِكُمْ، وعِصيُّكُمْ في أيديكُمْ. وتأكُلونَهُ بعَجَلَةٍ. هو فِصحٌ للرَّبِّ" (عدد ١١). لا يبدو أنَّها مائدة مُعدَّة ليتناولوها بتأنٍّ؛ إذ يبدو أنَّها أُعِدَّت لتُأكل على عَجَل.

كما أنَّها أكثر من مُجرَّد وجبة طعام؛ فالدمُ على الأبواب كان خلاصًا للشعب:

> "فإنِّي أجتازُ في أرضِ مِصرَ هذهِ اللَّيلَةَ، وأضرِبُ كُلَّ بكرٍ في أرضِ مِصرَ مِنَ النّاسِ والبَهائمِ. وأصنَعُ أحكامًا بكُلِّ آلِهَةِ المِصريّينَ. أنا الرَّبُّ. ويكونُ لكُمُ الدَّمُ عَلامَةً علَى البُيوتِ الّتي أنتُمْ فيها، فأرَى الدَّمَ وأعبُرُ عنكُمْ، فلا يكونُ علَيكُمْ ضَربَةٌ للهَلاكِ حينَ أضرِبُ أرضَ مِصرَ" (عدد ١٢-١٣).

لماذا عَبَرَ الله عن شعبه ولم يُهلكهم؟ لا لأنَّهم استحقُّوا أن يعيشوا، ولم يستحقَّ المصريُّون ذلك، بل لأنَّهم سُتِروا بدم حملٍ ضُحِّي به لله.

وأمر الله شعبه أن يحتفلوا بمائدة الفصح (العبور) هذه لتكون تذكارًا سنويًّا (عدد ١٤-٢٠، ٢٤-٢٧)؛ ففي الوقت نفسه من كلِّ سنة، كان عليهم أن يخلوا بيوتهم من الخميرة، ويذبحوا حمل الفصح، ويأكلوه مع خبزٍ غير مختمر (فطير) وأعشابٍ مُرَّة.

وفي كلِّ سنة، كان هذا العيدُ يحتفل بتحرير الله لشعبه، مبيِّنًا للأطفال المولودين لاحقًا بما تحمله هذه المائدة من دلالة ما فعله الله ليُخلِّص شعبه ويبقيهم أحياء (عدد ٢٦-٢٧). في كُلِّ سنة، كان بنو إسرائيل يحتفلون باليوم الذي حرَّرهم الله فيه وأنقذهم ووفى بوعده أن يجعلهم شعبه.

دلَّت هذه المائدة على ولادة الأمَّة. فمَن إسرائيل؟ إنَّها الأُمَّة التي أنقذها الله من مصر، والفصح ذكَّرهم سنة تلو الأُخرى بأنَّهم شعبٌ -لا بل الشعب الوحيد الذي حرَّره الله من العبوديَّة وجعله خاصَّته.

لهذا كان يُمكن لبني إسرائيل وحدهم، دون الغُرباء، أن يأكلوا الفصح (عدد ٤٣). أمَّا إذا رغب الغريب أن يعيِّد الفصح، كان عليه والذكور في بيته أن يختتنوا أوَّلًا، ليصير "كمَوْلودِ الأرضِ" (عدد ٤٨). وهكذا حدَّد الفصح هُوِيَّة إسرائيل، ومنه حُدِّدت العضويَّة في شعب إسرائيل: "كُلُّ جَماعَةِ إسرائيلَ يَصنَعونَهُ" (عدد ٤٧)، ووحدهم من لهم ذلك.

لذا، سنةً بعد سنة، وجيلًا بعد جيل، كان واجبًا على بني إسرائيل أن يعيِّدوا الفصح؛ إذ أوصى الله ذلك الجيل الأوَّل: "وتُخبِرُ ابنَكَ في ذلكَ اليومِ قائلًا: مِنْ أجلِ ما صَنَعَ إلَيَّ الرَّبُّ حينَ أخرَجَني مِنْ مِصرَ" (خروج ١٣: ٨). وهذه الوصيَّة لم تكُن للآباء من الجيل الأوَّل من بني إسرائيل فقط، إذ أوصِيت الأجيال اللاحقة من بني إسرائيل في احتفالٍ سنويٍّ آخر أن يروا أنفسهم في الخروج من مصر، ويقولوا: "... فأساءَ إلَينا المِصريُّونَ، وثَقَّلوا علَينا وجَعَلوا علَينا عُبوديَّةً قاسيَةً. فلَمَّا صَرَخنا إلَى الرَّبِّ إلهِ آبائنا سمِعَ الرَّبُّ صوتَنا..." (تثنية ٢٦: ٥-٨). لذا كان واجبًا على كلِّ جيلٍ من بني

إسرائيل أن يقول ما مفاده: "هذا الفصح هو بسبب ما فعله الربُّ لي لمَّا خرجتُ من مصر. إذ لم يكن هذا الخلاص لهم فقط، بل إنَّه لنا أيضًا الآن".

في الخروج من مصر، خلَّص الله شعبًا وجعلهم خاصَّته بدمِ حملٍ مذبوح. لقد حرَّرهم الله من العبوديَّة وجعلهم خاصَّته. وفي تلك الليلة، قَبْل إنقاذ الشعبِ بقوَّةٍ عظيمة، أعطاهم الله مائدة ليحتفلوا بها على الدوام. وقد عرَّفت هذه الوجبة ماهيَّة الشعب، لذا كان لهم جميعهم أن يحتفلوا بها، ولا أحد سواهم. وبإعادة سرد قصَّة هذا الخلاص، كانت هذه المائدة تأتي بالفداء الذي أتمَّه الله في الماضي إلى الحاضر. وكانت تُعلِمُ كلَّ إسرائيليٍّ أنَّهُم كانوا عبيدًا، لكنَّ إلههم هو الإله الذي يُنقذ ويُحرِّر.

الفصل الثاني

مختوم بالدم

ما الوعد الذي قطعته وكان الأكثر جِدِّيَّة؟ وكيف صدَّقت على ذلك الوعد وأقررت به؟

عندما تشتري بيتًا، يكون العقد الذي توقِّعه مُلزِمًا لك قانونيًّا، هو الوعد الذي تقطعه للمالك بأن تدفع المستحقَّات. وعندما يتزوَّج رجلٌ وامرأة، يوافقان أمام الشهود على العيش بحسب عهود الزواج التي تُليت عليهما، كما يتبادلان الخواتم كعلامة على هذا الوعد.

أمَّا يسوع، فعندما وفى بأعظم وعدٍ قطعه الله لشعبه، ختم عليه بدمه. في الليلة التي سبقت صَلبَه، احتفل يسوع بمائدة الفصح مع تلاميذه (لوقا ٢٢: ١٤-١٥). إلَّا أنَّه جعلها تتطلَّع إلى ما هو أبعد من الفداء من مصر- إلى الفداء الذي تمَّمه الله على الصليب (متَّى ٢٦: ١٧-٢٨؛ مرقس ١٤: ١٢-٢٦؛ لوقا ٢٢: ٧-٢٢).

ويخبرنا لوقا أنَّ يسوع تاق أن يأكل طعام مائدة الفصح مع تلاميذه: "ولَمَّا كانتِ السَّاعَةُ اتَّكأَ والاِثنا عشَرَ رَسولًا معهُ، وقالَ لهُمْ: شَهوَةً اشتَهَيتُ أنْ آكُلَ هذا الفِصحَ معكُمْ قَبلَ أنْ أتألَّمَ " (لوقا ٢٢: ١٤-١٥). ومع أنَّ

التعليم الكتابيّ عن الفصح كان يوصي العائلات أن تحتفل بمائدة الفصح معًا، حيث يُفهِّم الآباء أولادهم معناها (خروج ١٣: ١٤)، نجد أنَّ شيئًا ما اختلف هُنا؛ إذ إنَّ يسوع باحتفاله بمائدة الفصح مع تلاميذه، جعل من الأصدقاء عائلة، وكأنَّه يُخبرنا أنَّ عائلته هُم من يَقبَلون موته على الصليب.

وفي أثناء تناول هذا الفصح، "... أخَذَ [يسوع] خُبزًا وشَكَرَ وكسَّرَ وأعطاهُمْ قائلًا: «هذا هو جَسَدي الّذي يُبذَلُ عنكُمْ. اِصنَعوا هذا لذِكري»" (لوقا ٢٢: ١٩). وبعدها، "كذلكَ الكأسَ أيضًا بَعدَ العَشاءِ قائلًا: «هذهِ الكأسُ هي العَهدُ الجديدُ بدَمي الّذي يُسفَكُ عنكُمْ»" (لوقا ٢٢: ٢٠). أعاد يسوع ممارسة الفصح بطريقة تدلُّ تلاميذه على كيفيَّة فهم المِيتة التي كان مُزمعًا أن يموتها. إذ إنَّها ليست مصادفة، أو خطأً ما. لم تكُن على وشك أن تُفاجئ يسوع أو تحدث بالرُّغم منه، فيسوع كان **سيبذل** جسده عن تلاميذه (لوقا ٢٢: ١٩)، وكان سيسمح أن يُسفَكُ دمه "مِنْ أجلِ كثيرينَ لمَغفِرَةِ الخطايا" (متَّى ٢٦: ٢٨).

كان موت يسوع حينها سيأتي بعهد الله الجديد إلى الحياة بعد طول انتظار: "هذهِ الكأسُ هي العَهدُ الجديدُ بدَمي الّذي يُسفَكُ عنكُمْ" (لوقا ٢٢: ٢٠). فإنَّ الله كان قد وعَد قَبْل بضع مئات السنين أن يقطع عهدًا جديدًا مع شعبه (إرميا ٣١: ٣١-٣٤)؛ وفي هذا العهد الجديد، وعد الله أن يكتب ناموسه على قلوب الناس، مغيِّرًا إيَّاهُم جذريًّا من الداخل إلى الخارج ليُحبُّوا ما يُحبُّه ويُطيعوا ما يأمر به. ووعد أن يعرفوه جميعًا، من صغيرهم إلى كبيرهم، وأن يغفر خطاياهم كُليًّا بلا رجوع، وألَّا يتذكَّرها ثانيةً.

وبحسب ما كان يسوع يشيرُ له في تلك الليلة، كلُّ هذا كان سيحدُث بموته، والله كان سيختم وعده في هذا العهد الجديد بدم يسوع.

حينما أخذ يسوع الخبز قال: "هذا هو جَسَدي"، وحينما أخذ الكأس قال: " هذا هو دَمي" (متَّى ٢٦: ٢٦-٢٨). كيف أمكن أن يُعرِّف مكوِّنات تلك المائدة بنفسه هكذا؟ لأنَّه كان يجعل من الخبز والخمر علامةً على العهد الجديد، وكان يربطهم بوعد الله في العهد الجديد، تمامًا كما نربط الخاتم بعهود الزواج. فيُمكنُني أن أقول لزوجتي مثلًا: "هذا الخاتم هو وعدي بأن أُحبَّكِ وأُقدِّرك، وبأن أعتني بك وأُعيلك. عندما تُبصرينه على إصبعك، تذكَّري التزامي نحوكِ'.

لم يقُل يسوع إنَّ الخبز والخمر يتحوَّلان إلى شيءٍ آخر، بل كان يُعرِّف العلامة بذلك الذي تُشير له. ولأنَّه جعل من الخبز والخمر علامة على عهد الله الجديد، أمر تلاميذه أن يعيدوا صُنع هذه المائدة ليتذكَّروه: "«هذا هو جَسَدي الّذي يُبذَلُ عنكُمْ. اِصنَعوا هذا لذِكري»" (لوقا ٢٢: ١٩). تمامًا كما كان الفصحُ تذكارًا يُعادُ بانتظام (خروج ١٢: ١٤)، جعل يسوع هذا العشاء الأخير مع تلاميذه تذكارًا جديدًا، ومائدةً جديدة تُحدِّدُ المجتمع الذي خلَّصه موت يسوع وهُوِيَّة المُنتمين إلى هذا المُجتمع.

على الصليب، خصَّص الله شعبًا لنفسه بأن خلَّصهم بدم ذبيحة يسوع. حرَّرهم الله من الخطيَّة وجعلهم خاصَّته. وفي الليلة التي سَبقَتْ عمل الخلاص العظيم هذا، أعطاهُم يسوع وجبة أو مائدة ليحتفلوا بها على الدوام. وكما سنرى في الفصول القادمة، تُحدِّدُ هذه المائدة شعب الله

الجديد في يسوع المسيح. هُم وحدهم من لهم الاحتفال بها، ولا أحد سواهُم. وبإعادة سرد قصَّة خلاصنا هذا، تأتي هذه المائدة بالفداء الذي أتمَّه الله في الماضي إلى الحاضر. وتحكي لكلِّ مسيحيٍّ أنَّنا كُنَّا في ظُلمة الخطيَّة، وأنَّ ربَّنا يسوع هو الإله الذي يُخلِّص.

الفصل الثالث

الرِّفقة المناسبة

تتصدَّر لائحة مخاوف الأهل فكرة أن يُرافق أولادهم رفاق السوء، ومع أنَّ هذا قد يتحوَّل إلى هوس ومبالغة في حمايتهم، فإنَّه يكشف تبصُّرًا أساسيًّا إلى حالة الإنسان: أنَّنا نصير على شاكلة من نمضي الوقت معهم. ومن محبَّةٍ أبويَّة، كان الرسول بولس قلقًا بشأن من كان المؤمنون في كنيسة كورنثوس يرافِقون. والأمر لم يكُن مجرَّد الخوف من تسكُّعهم مع زمرة مشاغبين.

ففي ١كورنثوس ١٠: ١٤-٢٢، حذَّر الرسول بولس المؤمنين من المشاركة في موائد ما ذُبح لآلهة الوثنيِّين. ويناشدهُم قائلًا: "لذلكَ يا أحِبَّائي اهرُبوا مِنْ عِبادَةِ الأوثانِ" (عدد ١٤). وليدعم حُجَّته، يُشير بولس إلى العشاء الربَّانيِّ أوَّلًا: "كأسُ البَرَكَةِ التي نُبارِكُها، أليستْ هي شَرِكَةَ دَمِ المَسيحِ؟ الخُبزُ الذي نَكسِرهُ، أليس هو شَرِكَةَ جَسَدِ المَسيحِ؟ فإنَّنا نَحنُ الكَثيرينَ خُبزٌ واحِدٌ، جَسَدٌ واحِدٌ، لأنَّنا جميعَنا نَشتَرِكُ في الخُبزِ الواحِدِ" (عدد ١٦-١٧).

وما يرمي إليه بولس هو أنَّه حينما نتناول العشاء الربَّانيّ، فإنَّنا نُشارك معًا في ما يعود علينا به موت المسيح. ولأنَّنا في شركة مع المسيح، فإنَّنا أيضًا في شركةٍ بعضنا مع بعض. وإنَّنا في العشاء الربَّانيِّ نتمتَّع برفقة المسيح وكنيسته.

ثُمَّ يتحدَّث بولس عن الإسرائيليِّين الذين، تحت العهد القديم، كانوا يقدِّمون الذبائح بوصفهم "شركاء" في ما كان يُقدَّم على المذبح (عدد ١٨)؛ أي ينالون فوائد الذبيحة ويُعرَفون بحسب علاقتهم بها. لذا لا يُريد بولس للكورنثيِّين أن ينالوا أيَّ شيءٍ من آلهة الوثنيِّين ولا أن يُعرفوا بحسب علاقتهم بهم!

ولئلَّا يُساء الفهم، يقول بولس: "فماذا أقولُ؟ أإنَّ الوَثَنَ شَيءٌ، أو إنَّ ما ذُبِحَ للوَثَنِ شَيءٌ؟! بل إنَّ ما يَذبَحُهُ الأُمَمُ فإنَّما يَذبَحونَهُ للشَّياطينِ، لا للهِ. فلَستُ أُريدُ أنْ تكونوا أنتُمْ شُرَكاءَ الشَّياطينِ" (عدد ١٩-٢٠). فمن ناحية، الآلهة التي يعبدها الوثنيُّون ببساطة لا وجود لها؛ هناك إلهٌ واحد (١كورنثوس ٨: ٤). ومن الناحية الأُخرى، عندما تُعبد الأوثان كأنَّها موجودة، يعكس هذا تأثيراً شيطانيًّا ويُفسح له في المجال، ويجب ألَّا تكون للمؤمنين الكورنثيِّين أيَّة علاقة بهذه القوى الشرِّيرة.

الولاء للمسيح والولاء للأوثان لا يُمكن أن يترافقا: "لا تقدِرونَ أنْ تشرَبوا كأسَ الرَّبِّ وكأسَ شَياطينَ. لا تقدِرونَ أنْ تشتَرِكوا في مائدَةِ الرَّبِّ وفي مائدَةِ شَياطينَ" (١كورنثوس ١٠: ٢١). فيسوع هو الربّ؛ أمَّا الأوثان فليسوا كذلك. وإذا كان لنا شركة مع الأوثان، فليس لنا شركة مع المسيح. وإذا حاولنا أن نلعب في مصلحة الفريقين، فإنَّنا نلعب بالنار: "أم نُغيرُ الرَّبَّ؟ ألَعَلَّنا أقوَى مِنهُ؟" (عدد ٢٢). الله له ولائنا الكامل والخالص والوحيد.

إذًا، ما المُشكلة؟ لا يُعارض بولس أن يُرافق المسيحيُّون غير المسيحيِّين (عدد ٢٧)، إنَّما يُعارض أن يرافق المسيحيُّون آلهة هؤلاء.

ومع أنَّ العشاء الربَّانيَّ ليس التركيز الأساسيَّ للنصِّ الكتابيِّ هذا، فإنَّ تعليم بولس عنه غنيٌّ ومُهمَلٌ في الوقت نفسه. فأوَّلًا، يُطلعنا هذا النصُّ الكتابيُّ على أنَّ المسيحيِّين الأوائل أطاعوا حقًّا ما أوصاهُم المسيح بفعله، أي تشاركوا الخبز والخمر معًا ليتذكَّروا موته من أجلهم. بل قاموا بهذا بصفتهم كنيسة محلِّيَّة؛ إذ إنَّ بولس يفترض في كلامه أنَّ الكنيسة التي يُراسلها بأكملها يشارك أفرادها الخبز والخمر معًا بصفتهم واحدًا (عدد ١٧).

كما يصف بولس ما يحدث في العشاء الربَّانيِّ: نحن "نتشارك" في دم المسيح وجسده (عدد ١٦). لكن ماذا يعني هذا "التشارُك"؟ يعني أنَّه عندما يشترك المؤمنون في يسوع في العشاء الربَّانيِّ، فإنَّنا نختبر ما يعود علينا موته من نِعَم. يجتذب الخبز والخمر، كأنَّهما كلماتُ وعدٍ ملموسة، قلوبنا نحو حقائق العهد الجديد من غفرانٍ ومصالحة التي اشتراها لنا يسوع بدمه. في العشاء الربَّانيِّ، نحن في شركةٍ مع المسيح، أي أنَّنا في رفقته.

ولأنَّنا في رفقة المسيح في العشاء الربَّانيِّ، فإنَّنا في رفقة أحدنا الآخر أيضًا. وكما يقول بولس في العدد ١٧: "فإنَّنا نَحنُ الكَثيرينَ خُبزٌ واحِدٌ، جَسَدٌ واحِدٌ، لأنَّنا جميعَنا نَشتَرِكُ في الخُبزِ الواحِدِ"، فإنَّ شركتنا تخلق شركة مع بعضنا بعضًا. بصفتنا كنيسة محلِّيَّة، إنَّنا جسدٌ واحدٌ **لأنَّنا** نتشارك في الخبز وكلِّ ما يمثِّله. لإنَّنا اتَّحدنا في المسيح، فإنَّنا اتَّحدنا فيه بعضنا ببعض.

وهكذا فإنَّ العشاء الربَّانيَّ يحدِّدُ رفقتنا بصفتنا مسيحيِّين: المسيح، وفي المسيح -الكنيسة. أمَّا بولس، فيعرِّف الهُويَّة المسيحيَّة مقابل الهُويَّة الوثنيَّة باستخدام مائدتين حصريَّتين في دلالتهما. فإذا كُنتَ تنتمي إلى المسيح،

ستأكل من مائدته مع شعبه. ولن تأكل من مائدة الشياطين. وكما كان حال مائدة الفصح لإسرائيل، يحدِّد العشاء الربَّانيُّ هُوِيَّة الكنيسة ومن هذا عضويَّة الكنيسة. ووحدهم من هُم في المسيح يُمكنهُم أن يتناولوها.

يصوِّر العشاءُ الربَّانيُّ بأجمل الصُّوَر معنى أن تكون مسيحيًّا. في موت المسيح على الصليب، لنا شركةٌ معه ومع شعبه أيضًا. وفي المائدة التي أعطانا إيَّاها المسيح، نتذوَّق طيبة هذه الشركة الثنائيَّة. في العشاء الربَّانيِّ، يصيرُ الإنجيل أكثر من شيءٍ نسمعه أو حتَّى نراه، وإنَّما شيءٌ نأكله.

الفصل الرابع

تعالوا معًا

ما الذي قد يُفسِد حفلة عشاء؟ ما رأيك بهذا: احضُر باكرًا قبل الجميع، وكُل الطعام كلَّه حتَّى التُّخمة؟ لا بُدَّ لهذا أن يحقِّق الهدف.

مِن المُحزن أنَّ هذا بالتحديد ما فعله بعض الذين اجتمعوا لتناول العشاء الربَّانيِّ في كنيسة كورنثوس! فقال لهم بولس إنَّهُ ليس لديه ما يمدحهم عليه عند احتفالهم بالعشاء الربَّانيِّ لأنَّهم كانوا يجتمعون "ليس للأفضَلِ بل للأردإ" (١كورنثوس ١١: ١٧)، كما كانت الانشقاقات في حياتهم بصفتهم كنيسة تُهينُ العشاء الربَّانيَّ. "فحينَ تجتَمِعونَ مَعًا ليس هو لأكلِ عَشاءِ الرَّبِّ" (عدد ٢٠؛ راجع أيضًا عدد ١٨-١٩). كيف هذا؟

> لأنَّ كُلَّ واحِدٍ يَسبِقُ فيأخُذُ عَشاءَ نَفسِهِ في الأكلِ، فالواحِدُ يَجوعُ والآخَرُ يَسكَرُ. أفَليس لكُمْ بُيوتٌ لتأكُلوا فيها وتَشرَبوا؟ أم تستَهينونَ بكَنيسَةِ اللهِ وتُخجِلونَ الذينَ ليس لهُمْ؟ ماذا أقولُ لكُم؟ أأمدَحُكُمْ علَى هذا؟ لَستُ أمدَحُكُمْ! (عدد ٢١-٢٢).

كان أعضاء الكنيسة الأكثر ثراءً من غيرهم يقصدون العشاء الربَّانيَّ كأنَّه حفلتهم الخاصَّة؛ فيُمتِّعون أنفسهم ويتجاهلون الفقراء، ويُشبعون بطونهم ولا يتركون شيئًا للآخرين.

وإذ يسعى بولس إلى فضح انغماسهم الذاتيِّ هذا، يُذكِّرهم بما قاله يسوع وفعله في العشاء الأخير قبل موته؛ إذ قال يسوع إنَّ الخبز هو جسده والكأس هي العهد الجديد بدمه (عدد ٢٣-٢٥)، ومن هذا يستنتج بولس: "فإنَّكُمْ كُلَّما أكلتُمْ هذا الخُبزَ وشَرِبتُمْ هذِهِ الكأسَ، تُخبِرونَ بموتِ الرَّبِّ إلَى أنْ يَجيءَ" (عدد ٢٦). ويعني هذا أنَّ الاشتراك في العشاء الربَّانيِّ يخبِّر بموت المسيح ليُخلِّصنا، ويعني أنَّ العشاء هذا يُعلنُ رسالة الإنجيل.

ولأنَّه يُعلن رسالة الإنجيل، فإنَّه يحمل مطالِب الإنجيل: "إذًا أيُّ مَنْ أكلَ هذا الخُبزَ، أو شَرِبَ كأسَ الرَّبِّ، بدونِ استِحقاقٍ، يكونُ مُجرِمًا في جَسَدِ الرَّبِّ ودَمِهِ" (عدد ٢٧)، فلهذا ينبغي أن نمتحن أنفسنا قبل أن نشترك في العشاء (عدد ٢٨). ويُكرِّر الفكرة ويقول: "لأنَّ الذي يأكُلُ ويَشرَبُ بدونِ استِحقاقٍ يأكُلُ ويَشرَبُ دَينونَةً لنَفسِهِ، غَيرَ مُمَيِّزٍ جَسَدَ الرَّبِّ" (عدد ٢٩).

ما معنى أن "نُميِّز جسد الربّ"؟ إنَّه تعبيرٌ صعبٌ بعض الشيء، إلَّا أنَّني أعتقد أنَّه ببساطة يعني فَهْمَ الرابط بين محبَّتنا للمسيح ومحبَّتنا لشعبه والعيش بحسب هذا الفَهْم. فإذا كُنتَ تُعلِن بواسطة العشاء الربَّانيِّ موتَ المسيح، وما يعود عليك به من نِعَم، فإنَّك تضع نفسك إلى جانب جميع من اعترفوا بالمسيح وقَبِلوه أيضًا؛ إنَّك تضع نفسك وسط شعب المسيح عند أقدام الصليب.

ولا يُمكنك أن تُخبِّر بموت الربِّ بينما تكره شعبه، فإنَّ موت الربِّ يفدي شعبه ويُوحِّدهم. وإن كانت أفعالك تُسيءُ إلى شعب المسيح وتمقتهم، فإنَّك تُسيءُ إلى موت المسيح وتمقته. وإن كُنت تحتفل بالعشاء الربَّانيِّ بطريقةٍ تُحقِّر أعضاء الكنيسة الفُقراء وتنبذهم، فكأنَّك تقول إنَّ المسيح مات من أجلك أنت فقط، وليس من أجلهم.

ومن هذا نستنتج أنَّ بولس لا يقصدُ بامتحان أنفُسنا وتمييز جسد الربِّ أنَّنا لا يُمكننا أن نأتي إلى العشاء الربَّانيِّ إن كان هُناك خطيَّةٌ في حياتنا، أو كان هُناك خطيَّةٌ لم نعترف بها بعد؛ إذ لا أحد منَّا كاملٌ، ولا أحد منَّا يستطيع أن يجد خطاياه ويعترف بها بصورةٍ مثاليَّة. بل ما يقصده هو أنَّ علينا أن نمتحن أنفسنا لنتحقَّق من أنَّنا لم نقطع وِصال محبَّتنا للمسيح عن محبَّتنا لشعبه. وهذا يستلزم أيضًا أنَّ الذين تُخالف حياتهم بجهارةٍ اعترافهم باتِّباع المسيح، ليس لهم أن يشتركوا في العشاء (لاحظ ١كورنثوس ٥: ٩-١١). فإنَّه ينبغي للعشاء الربَّانيِّ أن يشجِّعنا نحن الذين نثق بالمسيح ونصارعُ الخطيَّة، لا أن يُخيفنا.

وتجاوبًا مع هذا الاحتفال الأنانيِّ الصادم بالعشاء الربَّانيِّ، دان الله الكورنثيِّين بأن سلَّم بعضهم للمرض والموت حتَّى (١١: ٣٠)، ممَّا دفع بولس أن يحثَّنا على أن نحكم على أنفسنا الآن، لئلَّا يحكم علينا الربُّ في النهاية (عدد ٣١-٣٢). ويختم بولس تعليماته للكورنثيِّين بتذكيرهم: "إذًا يا إخوَتي، حينَ تجتَمِعونَ للأكلِ، انتَظِروا بَعضُكُمْ بَعضًا. إنْ كانَ أحَدٌ يَجوعُ فليأكُلْ في البَيتِ، كيْ لا تجتَمِعوا للدَّينونَةِ. وأمّا الأُمورُ الباقيَةُ فعندما أجيءُ أُرَتِّبُها" (٣٣-٣٤).

وهكذا، يُعنى العشاءُ الربَّانيُّ بجسد المسيح بأكمله مجتمعين معًا ليُعلنوا موت المسيح الخلاصيِّ ويُسرُّوا به. ويُعنى بإعلان موت المسيح باحتضاننا جسد المسيح، وبأن نأتي معًا لنُعبِّر للمسيح عن محبَّتنا ونعتني بعضنا ببعض.

الفصل الخامس

الأفضل في النهاية

ما المُشترك بين استعراضات الألعاب الناريَّة وخطَّة الله الفدائيَّة؟ إنَّه احتفاظهما بالأفضل إلى النهاية.

يُذكِّرنا الرسول بولس أنَّنا خُلِّصنا بالرجاء، وأنَّ "الرَّجاءَ المَنظورَ ليس رَجاءً، لأنَّ ما يَنظُرهُ أحَدٌ كيفَ يَرجوهُ أيضًا؟" (رومية ٨: ٢٤). وفي حياتنا، نحن نرجو ما لا يُرى، وننتظره بصبر (عدد ٢٥).

وما هذا الذي ننتظره؟ يعطينا الكتابُ المُقدَّس، وبالتحديد سفر رؤيا يوحنَّا، صُوَرًا مدهشة عن الحياة عندما يتمِّمُ الله خطَّة الخلاص بأكملها؛ فستكون هناك خليقةٌ جديدةٌ حيث يسكن الله مع شعبه وجهًا لوجه، وحيث لا نجد سوى القداسة والسعادة والشفاء.

وفي اليوم الذي يجمع الله فيه شعبه إلى نفسه بعُرسِ زواجٍ أبديٍّ لا يتزعزع، سيكون هناك مائدة عشاء. هذا العشاء سيتخطَّى روعة أيِّ احتفالٍ أقامه إنسان؛ فالله احتفظ بالأفضل إلى النهاية.

وقد لمَّح يسوع إلى هذا العشاء عندما أسَّس العشاء الربَّانيّ؛ فبعد أن ناول تلاميذه كأس العهد الجديد في دمه أضاف قائلًا: "إنِّي مِنَ الآنَ لا أشرَبُ

مِنْ نِتاجِ الكَرمَةِ هذا إلَى ذلكَ اليومِ حينَما أشرَبُهُ معكُمْ جديدًا في ملكوتِ أبي" (متَّى ٢٦: ٢٩). العشاء الربَّانيُّ لا ينظرُ إلى الخلف فقط نحو الصليب، بل ينظر إلى الأمام أيضًا نحو مجيء ملكوت الله، وينظر إلى ذلك الوقت الذي سيحتفل فيه يسوع نفسه باحتفال عشاءٍ مع شعبه. لهذا يُذكِّرنا بولس ويقول: "فإنَّكُمْ كُلَّما أكلتُمْ هذا الخُبزَ وشَرِبتُمْ هذِهِ الكأسَ، تُخبِرونَ بموتِ الرَّبِّ إلَى أنْ يَجيءَ" (١كورنثوس ١١: ٢٦)، لأنَّنا عندما نحتفل بالعشاء الربَّانيِّ، لا نتذكَّر الماضي فقط، بل نتذوَّق المُستقبل أيضًا.

يدعو الكتاب المُقدَّس الكنيسةَ بلقب عروس المسيح (أفسس ٥: ٢٢-٣٣)، لكنَّنا في هذا الدهر مخطوبون، ولسنا متزوِّجين بعد؛ فالعرسُ آتٍ قريبًا:

> وسَمِعتُ كصوتِ جَمعٍ كثيرٍ، وكصوتِ مياهٍ كثيرَةٍ، وكصوتِ رُعودٍ شَديدَةٍ قائلَةً: «هَلِّلويا! فإنَّهُ قد مَلكَ الرَّبُّ الإلهُ القادِرُ علَى كُلِّ شَيءٍ. لنَفرَحْ ونَتَهَلَّلْ ونُعطِهِ المَجدَ! لأنَّ عُرسَ الخَروفِ قد جاءَ، وامرأتُهُ هَيّأتْ نَفسَها. وأُعطيَتْ أنْ تلبَسَ بَزًّا نَقيًّا بَهيًّا، لأنَّ البَزَّ هو تبَرُّراتُ القِدّيسينَ». وقالَ لِيَ: «اكتُبْ: طوبَى للمَدعوّينَ إلَى عَشاءِ عُرسِ الخَروفِ!». وقالَ: «هذِهِ هي أقوالُ اللهِ الصّادِقَةُ»".
> (رؤيا يوحنَّا ١٩: ٦-٩)

يومُ عُرسِ المسيح وشعبه آتٍ (عدد ٧)، والمدعوُّون إلى عشاء العُرس ذاك مُباركون (عدد ٩). في ذلك الوقت سيشرب يسوع ثانيةً من نِتاج الكرمة، وهذا سيكون معنا في ملكوت أبيه. وفي ذلك الوقت سيصيرُ إيمانُنا

عيانًا، وسيُشبَع أخيرًا كلُّ الذين جاعوا وعطشوا إلى البرِّ، وستتحقَّقُ كُلُّ رغبةٍ صالحة مَلأت قلبك يومًا ما بوفرةٍ وغِنى.

وقد وعد الله بواسطة النبيِّ إشعياء قبل ميلاد المسيح بمُدَّة طويلة، أنَّ هذا اليوم سيأتي:

> ويَصنَعُ رَبُّ الجُنودِ لجميعِ الشُّعوبِ في هذا الجَبَلِ وليمَةَ سمائنَ، وليمَةَ خمرٍ علَى دَرديٍّ، سمائنَ مُمِخَّةٍ، دَرديٍّ مُصَفًّى. ويُفني في هذا الجَبَلِ وجهَ النِّقابِ. النِّقابِ الّذي علَى كُلِّ الشُّعوبِ، والغِطاءَ المُغَطَّى بهِ علَى كُلِّ الأُمَمِ. يَبلَعُ الموتَ إلَى الأبدِ، ويَمسَحُ السَّيِّدُ الرَّبُّ الدُّموعَ عن كُلِّ الوُجوهِ، ويَنزِعُ عارَ شَعبِهِ عن كُلِّ الأرضِ، لأنَّ الرَّبَّ قد تكلَّمَ.
>
> ويُقالُ في ذلكَ اليومِ: «هوذا هذا إلهنا. انتَظَرناهُ فخَلَّصَنا. هذا هو الرَّبُّ انتَظَرناهُ. نَبتَهِجُ ونَفرَحُ بخَلاصِهِ». لأنَّ يَدَ الرَّبِّ تستَقِرُّ علَى هذا الجَبَلِ، ويُداسُ موآبُ في مَكانِهِ كما يُداسُ التِّبنُ في ماءِ المَزبَلَةِ". (إشعياء ٢٥: ٦-١٠)

سيُميت اللهُ الموتَ، وسيُزيلُ كُلَّ حُزنٍ وعارٍ من الوجود. وفي ذلك اليوم الذي سيقضي الله فيه على الموت، سيُعِدُّ الله طعامًا مُلِذًّا لشعبه - شعبه الذي افتداه الله من كُلِّ شعب. وفي ذلك اليوم، ستُسَرُّ قلوب شعب الله لا ممَّا يُعطيه الله فقط، بل فيه، وسيُفجِّر خلاصُه في قلوبنا صيحات الفرح والسرور.

في ذلك اليوم، سيُكافَأ انتظارُنا الطويل. وسيُثبَتُ للجميع أنَّ الله الذي انتظرناه، والذي بذلنا حياتنا له، والذي تمسَّكنا به في وجه الصِّعاب، وحده مُستحقّ. ولن يبقى لنا ما نفعله في ذلك اليوم سوى الفرح والابتهاج في خلاصه.

أمَّا الآن، فنثق بالله ونرجوه وننتظره. وكلَّما احتفلنا بالعشاء الربَّانيِّ، فإنَّنا ننظر إلى الوراء نحو الصليب وإلى الأمام نحو الملكوت الآتي؛ فإنَّنا لا نجد في الخبز والخمر تواضع موت المسيح ومرارته فقط، بل نجد أيضًا صورةً عن العشاء الذي سيُقيمه الله لابنه حينما يجمعه بعروسه إلى الأبد. وكالخمر الذي صنعه يسوع من الماء بأُعجوبة في عُرس قانا الجليل (يوحنَّا ٢: ١٠)، احتفظ الله بأفضل ما لديه إلى النهاية.

الفصل السادس

ما العشاء الربّانيّ؟

لقد أخذنا خمس لمحات كتابيَّة عن العشاء الربَّانيِّ: الفصح الذي بُني العشاء عليه، وتأسيس يسوع له، وتعليم بولس عنه في ١كورنثوس ١٠ و١١، وعشاء عرس الخروف الذي يترقَّبه. حان الوقت الآن لنجمع هذه كلَّها في صورة واحدة.

في هذا الإصحاح، سأُقدِّمُ تعريفًا للعشاء الربَّانيِّ، ثُمَّ أُعلِّق عليه عبارةً عبارة مُبيِّنًا حقيقة أنَّ كُلَّ ما فيه ينبع من النصوص الكتابيَّة التي درسناها سابقًا.

تعريف العشاء الربّانيّ

ما العشاءُ الربَّانيّ؟ العشاء الربَّانيُّ هو شركة الكنيسة مع المسيح وبعضهم مع بعض، وتذكُّر موت المسيح بتناول الخبز والخمر، وهو قبول المؤمن لِنعَم المسيح وتجديد التزامه نحو المسيح وشعبه، ممَّا يجعل من الكنيسة جسدًا واحدًا ويُميِّزها عن العالم.

والآن، لنركِّز على كُلِّ جُزءٍ من هذا التعريف.

العشاء الربَّانيُّ هو شركة الكنيسة

أوَّلًا، العشاءُ الربَّانيُّ هو فعلٌ تقوم به الكنيسة؛ تقوم به الكنيسةُ المحلِّيَّة بأكملها، وتقوم به متَّحدة. لاحظ ما يقوله بولس في ١ كورنثوس ١١، وفي كُلٍّ منها يُشيرُ إلى تجمُّع الكورنثيِّين ليحتفلوا بالعشاء الربَّانيِّ:

- "كونَكُمْ تجتَمِعونَ ليس للأفضَلِ بل للأردإ" (عدد ١٧)
- "لأنِّي أوَّلًا حينَ تجتَمِعونَ في الكَنيسَةِ، أسمَعُ أنَّ بَينَكُمُ انشِقاقاتٍ" (عدد ١٨)
- "فحينَ تجتَمِعونَ مَعًا ليس هو لأكلِ عَشاءِ الرَّبِّ" (عدد ٢٠)
- "إذًا يا إخوَتي، حينَ تجتَمِعونَ للأكلِ، انتَظِروا بَعضُكُمْ بَعضًا... كيْ لا تجتَمِعوا للدَّينونَةِ" (عدد ٣٣-٣٤)

يتَّضح من هذا أنَّ في كورنثوس كانت الكنيسة المحلِّيَّة بأكملها تحتفل بالعشاء الربَّانيِّ متى ما اجتمعت معًا؛ أي أنَّه لم يكُن ممارسة فرديَّة أو مُمارسة على مستوى عائلات أو مجموعات صغيرة، إنَّما ممارسة تقوم بها الكنيسة بأكملها. وليس من دليلٍ دامغ على أنَّ أيَّ كنيسة أُخرى من كنائس العهد الجديد كانت تفعل عكس ذلك.

العشاءُ الربَّانيُّ يُحتَفَلُ به من الكنيسة، بصفتها الكنيسة؛ أي أنَّ العشاء الربَّانيَّ ليس مائدةً خاصَّة بين مجموعة من الأصدقاء، بل احتفال الكنيسة العلنيِّ بالشركة مع المسيح ومع بعضهم بعضًا. لا ينفصلُ العشاءُ الربَّانيُّ عن الكنيسة. وإن استغنيت عن تجمُّع الكنيسة معًا، فإنَّك استغنيت عن العشاء الربَّانيِّ معه؛ فالعشاءُ الربَّانيُّ عملٌ تقوم به الكنيسة.

شركة الكنيسة مع المسيح وبعضهم مع بعض

كما لاحظنا في الفصل الثالث، عندما نحتفل بالعشاء الربَّانيِّ، "نُشارك" في جسد ودم المسيح (١كورنثوس ١٠: ١٦). وحينما نتناول الخبز والخمر بالإيمان، نشترك في ما حصَّله جسد المسيح المكسور ودمه المسفوك؛ أي المغفرة والمُصالحة والتبنِّي وجميع بركات العهد الجديد الأُخرى.

ولهذا السبب يُدعى العشاءُ الربَّانيُّ أحيانًا "مائدة الشركة"؛ لأنَّنا فيه ندخل في شركة مع المسيح، وفي علاقةٍ به. كما نختبر أيضًا من جديد فرح الخلاص الذي حازه لنا على الصليب. وبينما نذوق الخبز والخمر بأفواهنا، نذوق جود المسيح بقلوبنا بالإيمان.

وينبغي التشديد على أنَّ ضمير الجماعة هُنا مفصليّ؛ فكما سبق ورأينا، العشاءُ الربَّانيُّ عملٌ تقوم به الكنيسة. وهذا لا يعني أنَّ هؤلاء المجتمعين ليحتفلوا بالعشاء الربَّانيِّ يحتفلون به كلٌّ على حِدة كأنَّه وقتُ عبادةٍ فرديَّة، إنَّما في مكانٍ مكتظٍّ بالناس. تذكَّر كلام بولس في ١كورنثوس ١٠: ١٧: "فإنَّنا نَحنُ الكَثيرينَ خُبزٌ واحِدٌ، جَسَدٌ واحِدٌ، لأنَّنا جميعَنا نَشتَرِكُ في الخُبزِ الواحِدِ". في العشاء الربَّانيِّ، لأنَّنا في شركة مع المسيح، فإنَّنا في شركة بعضنا مع بعض أيضًا. ولأنَّ العشاء الربَّانيَّ يُعبِّر عن اتِّحادنا بالمسيح، فإنَّه بذلك يُعبِّر عن وحدتنا بعضنا ببعض في المسيح. في العشاء الربَّانيِّ، نحن في شركة مع المسيح معًا، ومن هذا، في شركة بعضنا مع بعض.

وتذكُّر موت المسيح

في العشاء الربَّانيِّ، نتذكَّر أيضًا موت يسوع: "وأخَذَ خُبزًا وشَكَرَ وكسَّرَ وأعطاهُمْ قائلًا: «هذا هو جَسَدي الّذي يُبذَلُ عنكُم. اِصنَعوا هذا لذِكري»"

(لوقا ٢٢: ١٩). لا شكَّ في أنَّ هذه المُمارسة التذكاريَّة تُعيد إلى ذاكرتنا موت المسيح ومعناه؛ فعندما نكسر الخبز ونتناوله، وعندما نسكب الخمر ونشربه، نرى أحداث بشارة الإنجيل ونتذوَّقها بصورةٍ مؤثِّرة.

إلَّا أنَّ في العشاء الربَّانيِّ أكثر من مُجرَّد تذكير؛ إذ إنَّه بطريقة ما يأتي بالماضي إلى الحاضر. تذكَّر ما قاله الله للجموع التي خرجت من مصر: "وتُخبِرُ ابنَكَ في ذلكَ اليومِ قائلًا: مِنْ أجلِ ما صَنَعَ إليَّ الرَّبُّ حينَ أخرَجَني مِنْ مِصرَ" (خروج ١٣: ٨). أي كان ينبغي لكلِّ جيلٍ أن يقول: "أُقيم هذه المائدة لأنَّ الربَّ أخرجني **أنا** من مصر". فلأنَّ الأجيال اللاحقة كانت تنتمي للعهد ذاته الذي قطعه الله مع شعبه، كانوا هُم أيضًا محسوبين، بواسطة العهد، في الحدث الخلاصيِّ نفسه الذي ابتدأ العهد.

وعلى غرار مائدة الفصح التي يتمِّمها العشاء الربَّانيُّ، فإنَّ العشاء الربَّانيَّ مائدةُ تذكارٍ عهديَّة؛ فتأتي بالماضي إلى الحاضر، وتَحيكُ حياتنا ضمن قصَّة يسوع الخلاصيَّة. وكأنَّ لسان حالنا في العشاء الربَّانيِّ: "آكُل هذا الخبز وأشرب هذا الكأس بسبب ما فعله الربُّ لي على الصليب عندما حرَّرني من خطيَّتي".

وكما رأينا في الفصل الخامس، يأتي العشاء الربَّانيُّ بالمُستقبل إلى الحاضر؛ فمثلما ننظر خلفًا إلى الصليب، ننظُر مُقدَّمًا إلى الملكوت الآتي. ومثلما نتذكَّر موته، ننتظر مجيئه. وهذا ما قاله بولس: "فإنَّكُمْ كُلَّما أكلتُمْ هذا الخُبزَ وشَرِبتُمْ هذِهِ الكأسَ، تُخبِرونَ بموتِ الرَّبِّ إلَى أنْ يَجيءَ" (١كورنثوس ١١: ٢٦). في العشاء الربَّانيِّ، نتذكَّر موت المسيح على الصليب ونُخبِّر بالخلاص الذي يحمله.

بتناول الخبز والخمر

في العشاء الأخير، أخذ يسوع عُنصُرَين من مائدة الفصح -الخبز والخمر- واختارهُما ليكونا علامَتَي جسده المبذول لأجلنا ودمه المسفوك عنَّا (متَّى ٢٦: ٢٦-٢٨؛ مرقس ١٤: ٢٢-٢٤؛ لوقا ٢٢: ١٧-٢٠). وفي العشاء الربَّانيِّ، تشترك الكنيسةُ بأكملها في الخُبز والخمر، وبهذا تُعلن نِعَمَ موت المسيح وتشترك فيها.

يبدو في أسفار العهد الجديد أنَّ العشاء الربَّانيَّ كان يُقام في سياق مائدة طعام متكاملة (١كورنثوس ١١: ٢٠-٢٢؛ وربُّما أعمال الرسل ٢: ٤٢؛ ٢٠: ٧؛ يهوذا ١٢). وأَودُّ لو تستعيد الكنائس هذه المُمارسة، إلَّا أنَّني لا أرى أنَّ هذا ضروريٌّ للفريضة نفسها؛ فما أمرنا به يسوع هو أن نأكل الخبز ونشرب الكأس.

لاحظ أنَّ يسوع هو من أمرنا بهذا؛ فالعشاءُ الربَّانيُّ ليس شيئًا اخترعته الكنيسة، إنَّما شيءٌ أسَّسه المسيح. وينبغي لكُلِّ مسيحيٍّ أن يشترك فيه بانتظام، طاعةً للمسيح ورغبةً في تجديد العلاقة بشخصه.

وهو قبول المؤمن

مثلما أنَّ العشاء الربَّانيَّ مُمارسةٌ تختصُّ بالكنيسة، فإنَّه أيضًا يختصُّ بالمؤمن. ففيه، أنت من يأكل الخبز، وأنت من يشرب الخمر. أنت من يُخبِّر بموت الربِّ إلى أن يجيء.

والعشاءُ الربَّانيُّ مسموحٌ للمؤمنين فقط أن يُشاركوا فيه. وحدهم من يثقون بموت المسيح ليُخلِّصهُم يُمكنُهم أن يُعيدوا إحياء ذكرى موت المسيح مع الكنيسة. وحدهم من يضعون رجاءهم في موت المسيح يمكنهُم أن يُعلنوا

موت المسيح. وإضافة إلى هذا، تذكَّر تحذير بولس الذي مفاده أنَّ الذي يشترك في العشاء الربَّانيِّ "بدونِ استِحقاقٍ" يكون "مُجرِمًا في جَسَدِ الرَّبِّ ودَمِهِ" (١كورنثوس ١١: ٢٧). ومع أنَّ ما يجول في بال بولس عندما قال " بدونِ استِحقاقٍ" هو الإخطاء بحقِّ أخٍ مؤمنٍ أو أُختٍ مؤمنة كما فعل الكورنثيُّون، فإنَّ المبدأ يشمل أيضًا من يشترك دونما يثق بالمسيح. وفي حين أنَّ العشاء الربَّانيَّ يأتي بالبركة، يُمكن أيضًا أن يأتي بالدينونة (١كورنثوس ١١: ٢٩).

هؤلاء الذين في الكنيسة وليسو مسيحيِّين ينبغي أن يُذَكَّروا أنَّهم يحتاجون أن يثقوا بالمسيح تذكيرًا مُباشرًا بألَّا يَدعوهم أحد إلى المشاركة في العشاء الربَّانيّ، وبعدم تقديم عناصر الفريضة إليهم. وقد يكون العشاءُ فريضةً تبشيريَّة لا بأن يعمل على خلق إيمان الأشخاص، بل بأن يُسلِّط الضوء على حاجتهُم إلى ذلك.

وهو قبول المؤمن لنِعَم المسيح

في العشاء الربَّانيِّ، يَقبلُ المؤمنُ نِعَم المسيح؛ وهذه هي الناحية الفرديَّة في "الاشتراك" في جسد ودم المسيح معًا (١كورنثوس ١٠: ١٦). لكن هل هذا يعني أنَّك لا تملك تلك النِّعَم قبل تناول العشاء الربَّانيِّ أو من دونه؟ كلَّا.

تأمَّل ما يحدثُ مثلًا وقت العِظة. تأتي يوم الأحد للكنيسة وثِقتُك راسخة في المسيح مُسبَّقًا، لكن عندما يعِظُ راعي الكنيسة بالمسيح من الكتاب المُقدَّس، تستأسرك بشارة الإنجيل بقوَّتها من جديد. وهذا يدفعُك إلى أن تتمسَّك بالمسيح من جديد، وتثق به أكثر، وتخضع له برغبة أشدُّ، وتختبر مغفرة الله وسلامه بعُمقٍ أكبر.

وشيءٌ من هذا القبيل يحدثُ في العشاء الربَّانيِّ؛ فمع أنَّ المسيح هو لك بالإيمان، فإنَّك تقبله من جديد حينما تقبل الخبز والخمر. ويدعم الخبز والخمر -هاتان العلامتان الملموستان- إيمانك ويقوِّيانه. وهكذا، يستقبلُ المؤمنُ في العشاءِ الربَّانيِّ نِعَمَ المسيح من جديد.

وتجديد التزامه نحو المسيح وشعبه

نستنتج ممَّا سبق إذًا أنَّ العشاء الربَّانيَّ هو، أوَّلًا، قبولٌ. فالمسيح مات ليُدشِّن العهد الجديد ويفوز لنا بالغفران، وبالعشاء الربَّانيِّ نقبلُ من جديد كلَّ ما صنعه المسيح من أجلنا. لذا فالعشاءُ الربَّانيُّ هو في الدرجة الأولى احتفالٌ بالعمل الذي أكمله المسيح من أجلنا.

إلَّا أنَّه أيضًا يُعيدُ تمثيلَ تجاوبنا مع الإنجيل؛ فعندما تتناول عشاء الربِّ، تقول ضمنيًّا: "جسدُ يسوع بُذل عنِّي، ودم يسوع سُفك من أجلي". لذا فإنَّك بتناولك عناصر المائدة تقول: "هذا حقٌّ، وهو حقٌّ لي. يسوع هذا هو مُخلِّصي".

قُبولُ يسوع مُخلِّصًا هو أيضًا الخضوع له دائمًا بصفته ربًّا؛ يُنقِذنا يسوع من الخطيَّة وجميع تأثيراتها، فلا يُمكن بعدها أن تقول إنَّ يسوع مُنقذك بينما ترفض أن تُنقَذ. لذا فإنَّ قبول نِعَمَ المسيح في العشاء الربَّانيِّ هو أيضًا تجديدُ الالتزام نحو المسيح والخضوع له.

تذكَّر أنَّ العشاء الربَّانيَّ علامةُ العهد الجديد، وأنَّ العهد هو علاقةٌ تُختارُ بحُرِّيَّة وتُثبَّتُ بقَسَم. وعندما حلف الله بقَسَمِ عهدٍ لشعبه، كما تُطلعنا أسفارُ العهدِ القديم، فإنَّه غالبًا ما أرفق القَسَم بعلامة. قوس القُزح مثلًا كان العلامة

التي صاحبت عهد الله لنوح بألَّا يُهلك الأرض بالطوفان مرَّة أُخرى (تكوين ٩: ١٣-١٥). وفي المُقابل، كانت علامة الختان التي أعطاها الله لإبراهيم علامة تُحتِّم على حامليها أن يحفظوا العهد (تكوين ١٧: ١٠-١٤).

أمَّا إذا نظرنا عن كثب، فسنجد أنَّ مائدة العهد في سفر الخروج ٢٤ هي أقربُ نظيرٍ للعشاء الربَّانيّ. ففي مرقس ١٤: ٢٤، لمَّا أشار يسوع إلى الكأس بصفتها "دم العهد بدمي" فإنَّه ردَّدَ صدى كلمات موسى التي قالها عندما قطع الله عهده مع بني إسرائيل عند جبل سيناء: "وأَخَذَ موسَى الدَّمَ ورَشَّ علَى الشَّعبِ وقالَ: «هوذا دَمُ العَهدِ الّذي قَطَعَهُ الرَّبُّ معكُمْ علَى جميعِ هذِهِ الأقوالِ»" (خروج ٢٤: ٨). وهل لاحظت يومًا ما حدث بعد ذلك مُباشرة؟ صعد موسى وهارون وشيوخ إسرائيل أعلى جبل سيناء في محضر الله حيث "رأوا اللهَ وأكلوا وشَرِبوا" (عدد ٩-١١). لم يُثبَّت العهد القديم فقط بدم ذبيحة، بل أيضًا بمائدةٍ أقامها الله نفسه.

وفي صورةٍ مُشابهة، دشَّن دمُ تضحية يسوع العهد الجديد، ويُصدِّقُ على هذا العهد باستمرار بمائدة أقامها يسوع نفسه. وفي العشاء الربَّانيِّ، يُقِرُّ طرفا العهد الجديد -الله وشعبه- التزامهما العهد؛ إذ يفعل الله هذا بإعطائنا علامتَي جسد يسوع ودمه لنا، وفيهما يُقدِّمُ الله لنا وعده بصورة مرئيَّة، الوعد بأنَّنا إن وثقنا بيسوع، سنخلُص. وبينما نقبلُ نحنُ العناصر هذه، نُقرُّ رسميًّا بأنَّنا نقبل المسيح ونعطيه أنفسنا بالتمام. في العشاء الربَّانيِّ، نشهد عن إيماننا في المسيح بتناول علامتَي جسده ودمه. وبهذا نُظهرُ التزامنا نحو عهده الجديد بالتأكيد نفسه الذي قد نُعرِبُ عنه بقَسَمٍ لفظيٍّ.

وكما يثبِّت ختمٌ وثيقةً قانونيَّة، يثبِّت العشاءُ الربَّانيُّ العهدَ الجديد بصورة متكرِّرة. ويُمكن التعبيرُ عن هذا بأن نقول إنَّ العشاء الربَّانيَّ هو علامة القَسَم المُجدِّدة. فهو عمليَّة ("علامة") تُعبِّر عن التزامٍ تعهُّديٍّ ("قَسَم") نحو المسيح وعهده وشعبه. وكما سنرى بعد قليل، المعموديَّةُ هي علامة القسم المُبادِرة؛ أي العمليَّة الرسميَّة والعلنيَّة التي نلتزم بموجبها نحو العهد الجديد. وفي العشاء الربَّانيِّ، نُكرِّر هذا الالتزام الذي بادرنا به ونؤكِّده.

كما أنَّ العشاء الربَّانيَّ يُجدِّدُ التزامنا نحو شعب المسيح أيضًا. تذكَّر العلاقة المُباشرة التي يبيِّنها بولس بين تمسُّكنا بموت الربِّ ومحبَّتنا لشعب الربِّ (١كورنثوس ١١: ١٧-٣٤). في العشاء الربَّانيِّ، لأنَّنا نكون في شركة مع المسيح، نكون في شركة بعضنا مع بعض. ومن هذا، يتضمَّنُ العشاء الربَّانيُّ مسؤوليَّةً نحو الكنيسة؛ فإذا تناولت الخبز والكأس، فإنَّك تُلزِمُ نفسك أن تعتنيَ بجسد المسيح. وإذا اعترفت بالمسيح مُخلِّصًا بواسطة العشاء الربَّانيِّ، فإنَّك تعترف ضِمنًا بشعبه بصفتهم إخوتك وأخواتك. ويتردَّدُ صدى حُجَّة بولس هذه في ١يوحنَّا ٤: ٢٠: "إنْ قالَ أحَدٌ: «إنِّي أُحِبُّ اللهَ» وأبغَضَ أخاهُ، فهو كاذِبٌ. لأنَّ مَنْ لا يُحِبُّ أخاهُ الّذي أبصَرَهُ، كيفَ يَقدِرُ أنْ يُحِبَّ اللهَ الّذي لَمْ يُبصِرهُ؟".

يتبع التصاقنا بالمسيح التصاقنا بعضنا ببعض؛ إذ لا يُمكنك أن تلتزم العهد دون أن تلتزم نحو شعب العهد. لذا فإنَّنا في الوقت نفسه الذي نلتزم فيه بالمسيح، نلتزم ايضًا بعضنا بعضًا. وقبول الجلوس إلى مائدة المسيح يعني قبول جميع الذين سيجلسون إلى جانبك إلى المائدة نفسها بصفتهم إخوة وأخوات. وبالنتيجة، فإنَّنا في العشاء الربَّانيِّ نُجدِّدُ التزامنا نحو المسيح وشعبه.

ممَّا يجعل من الكنيسة جسدًا واحدًا ويُميِّزها عن العالم

تدلُّ هذه العبارة الأخيرة من التعريف على ما يحدث نتيجة لما تعمله الكنيسة ويعمله المؤمن. عندما تشترك الكنيسة وتتذكَّر، وعندما يقبل المؤمن ويُجدِّد، تصيرُ الكنيسة جسدًا واحدًا. وكما يقول في ١كورنثوس ١٠: ١٧: "فإنَّنا نَحنُ الكَثيرينَ خُبزٌ واحِدٌ، جَسَدٌ واحِدٌ، لأنَّنا جميعَنا نَشتَرِكُ في الخُبزِ الواحِدِ".

وتحديدًا لأنَّ العشاء الربَّانيَّ يوحِّد الكثيرين إلى واحد، فإنَّه يُميِّز هذه الوحدة الواحدة عن العالم. عندما تحتفل الكنيسة بالعشاء الربَّانيِّ، فإنَّ شعب المسيح على الأرض يُعرَفون، وسنتوسَّع في هذه النقطة أكثر في الفصل القادم.

فاصل قصير عن المعموديَّة

جديرٌ بالذكر بينما نُنهي هذا الفصل كيفيَّة ارتباط العشاء الربَّانيِّ بالمعموديَّة. وكما رأينا سابقًا، فإنَّ العشاء الربَّانيَّ هو شركةٌ مع المسيح وبعضنا مع بعض، وهو إحياءُ ذكرى موت المسيح بتناول الخبز والخمر، وهو قبول المؤمن لنِعَم المسيح وتجديد التزامه نحو المسيح وشعبه، ممَّا يوحِّد الكنيسة إلى جسدٍ واحد ويُميِّزها عن العالم. ومن جهة أُخرى، يُمكننا أن نُعرِّف المعموديَّة بما يلي: **المعموديَّة هي عملٌ تؤدِّيه الكنيسة لتؤكِّد وحدة مؤمنٍ ما بالمسيح وتصوِّرها بتغطيسه في الماء، وهي عمليَّةُ التزام المؤمن علنيًّا نحو المسيح وشعبه، وبذلك يتَّحد المؤمن بالكنيسة ويُفرَز عن العالم.**[1]

لننظر قليلًا إلى بعض نقاط التشابه والاختلاف بين العشاء الربَّانيِّ والمعموديَّة، التي لا تتَّضح جميعها في هذه التعريفات. أوَّلًا نقاط التشابه:

الفريضتان أوصى بهما يسوع نفسه (متَّى ٢٨: ١٩؛ لوقا ٢٢: ١٩). الفريضتان مُمارستان تختصَّان بالكنيسة ككلٍّ وبالمؤمن شخصيًّا، حيث تُمارسها الكنيسةُ ككلٍّ بواسطة الذي يُعمِّد. وإضافة إلى هذا، تُعدُّ الفريضتان علامتين للإنجيل. فتُعبِّر الفريضتان بصورة مرئيَّة وملموسة عن اتِّحادنا بالمسيح وخلاصنا فيه.

وبالنظر عن كثب، يُمكننا أن نقول إنَّ كلًّا من الفريضتين علامةُ قَسَمٍ تختصُّ بالعهد الجديد. فالمعموديَّةُ هي علامةُ القَسَم المُبادِرة للعهد الجديد؛ إذ إنَّها الوسيلةُ الرسميَّةُ والعلنيَّة لالتزامنا نحو المسيح. وهي النذر الرمزيّ المُقدَّس الذي يُقرُّ علنيًّا بدخول المرء إلى العهد الجديد. نحن ندخل العهد الجديد بالإيمان، ويظهر ذلك الإيمان إلى العلن والعيان عندما نوقِّع أسفل التعهُّد في المعموديَّة.

أمَّا من ناحية الاختلافات، فأبرزها أنَّ المعموديَّة تحصل مرَّة واحدة فقط، والعشاء الربَّانيّ يتكرَّرُ بانتظام. علاوة على أنَّ المعموديَّة تعملها الكنيسة نحو الفرد بواسطة مُمثِّلٍ لها، مقابل العشاء الربَّانيِّ الذي تعمله الكنيسة أجمعها معًا. وفي المعموديَّة، يُعبِّر الفرد عن اتِّحاده في المسيح وانضمامه إلى الكنيسة، أمَّا في العشاء الربَّانيِّ، فتُعبِّر الكنيسة بأكملها عن اتِّحادها بالمسيح ومن هذا وحدتها بعضها ببعض. توحِّد المعموديَّةُ المؤمن بالكنيسة، ويوحِّدُ العشاءُ الربَّانيُّ الكنيسة بوصفها جسدًا واحدًا. وحيث تربط المعموديَّة الفرد بالجماعة، سنتباحث مطوَّلًا في الفصل التالي حقيقة أنَّ العشاء الربَّانيَّ يربط الكثيرين ويجعل منهم واحدًا.

الفصل السابع

ماذا الذي يجعلنا إيَّاه العشاء الربَّانيّ؟

ما اللحظة التي يتمُّ فيها الزواج بالتحديد؟ هل عندما يقول الزوجان "نعم، أقبل"؟ أم عندما يُعلنهما القسُّ زوجًا وزوجة؟ أم في فِراش الزواج؟

لا شكَّ أنَّ كُلًّا من هذه اللحظات جوهريَّة لتشكيل الزواج. كما أنَّها تعتمد أيضًا بعضها على بعض. ولهذا السبب، في بعض القوانين، مثلًا، إذا لم يكتمل الزواج في فراش الزواج، فإنَّ "الزوجان" يُعَدَّان، بطريقة ما، لم يتزوَّجا إلى التمام بعد، ويكون لهذا تبعيَّات قانونيَّة خاصَّة؛ إذ إنَّ الفصل بينهما يُحسَبُ إبطالًا للزواج (وكأنَّه لم يحدث أصلًا)، لا طلاقًا.

لكن ما علاقة هذا بالعشاء الربَّانيّ؟ يبدو لي أحيانًا أنَّ الكثير من المسيحيِّين يحسبون العشاء الربَّانيَّ مجرَّد اختبارٍ شخصيٍّ عميقٍ، ولسان حالهم: "أنا أذهب إلى الكنيسة، وأسمع الكلمة، ثمَّ أتناول الخبز والخمر، وأتذكَّر موت المسيح وغفرانه لي، ثُمَّ أعود إلى منزلي". ومع أنَّنا قد نربط بين العشاء الربَّانيِّ والكنيسة، فإنَّ هذا لا يتعدَّى فكرة أنَّه حدثٌ نشترك فيه "عندما نذهب إلى الكنيسة". وهكذا، فإنَّ الكثير من المسيحيِّين لا يتخطَّون هذا الحدَّ في التوفيق بين العشاءِ الربَّانيِّ والكنيسة.

لكنّني سأُبيِّن في هذا الفصل أنَّ العشاء الربَّانيَّ يلعبُ دورًا مفصليًّا في تجميع الكنيسة - أنَّ الاحتفال في العشاء الربَّانيِّ هو خطوةٌ ضروريَّة في جعل الكنيسة كنيسة. وفي الحقيقة، فإنَّ العشاء الربَّانيَّ هو اللحظة التي تصير فيها مجموعة من المسيحيِّين جسدًا واحدًا. إذًا فالعشاء الربَّانيُّ يوحِّدنا.

وسأُعطي هذه الفكرة فصلًا كاملًا من الكتاب لسببين. أوَّلًا، لأنَّها مُهملة لدى المسيحيِّين الإنجيليِّين. وإذ أعتقد أنَّ بولس يُعلِّم بوضوحٍ أنَّ العشاء الربَّانيَّ يجمع الكثيرين إلى واحد، أجد أنَّ عددًا قليلًا من الرُّعاةِ والكنائس يعطون هذا أهميَّة مناسبة ويشكِّلون بموجبه نظرتهم نحو العشاء والكنيسة. وثانيًا، ستكون هذه الحقيقة، أنَّ العشاء الربَّانيَّ يؤسِّس الكنيسة، مُهمَّة للإجابة عن الأسئلة العمليَّة التي سنناقشها في عددٍ من الفصول اللاحقة. نحتاج أن نُثبِّت هذه العدسة الكتابيَّة أمام عيوننا كي نُفكِّر بحكمةٍ في كيفيَّة الاحتفال في العشاء الربَّانيّ.

العشاء الربَّانيُّ يجعل الكثيرين واحدًا... كيف؟

تذكَّر كلمات بولس ١كورنثوس ١٠: ١٦-١٧، والتي ناقشناها في الفصل الثالث والسادس. أوَّلًا قال: "كأسُ البَرَكَةِ الّتي نُبارِكُها، أليستْ هي شَرِكَةَ دَمِ المَسيحِ؟ الخُبزُ الّذي نَكسِرهُ، أليس هو شَرِكَةَ جَسَدِ المَسيحِ؟"، وهذا ليُذكِّر الكورنثيِّين أنَّهم عندما يتناولون الخبز ويشربون الكأس، فإنَّهم يتمتَّعون بالشركة مع المسيح، ويختبرون نِعَم موته.

ومن هذه الشركة "العموديَّة" بين المسيح والمؤمنين، يستقي بولس نتيجة "أُفقيَّة" في العدد ١٧، فيقول: "فإنَّنا نَحنُ الكَثيرينَ خُبزٌ واحِدٌ، جَسَدٌ

واحِدٌ، لأنَّنا جميعَنا نَشتَرِكُ في الخُبزِ الواحِدِ". وجوهر ما يقصده بولس هو أنَّنا جميعًا نصير جسدًا واحدًا. وليدعم ما يقوله ويؤكِّده، يُشير مرَّتين إلى اشتراكنا الموحَّد في العشاء الربَّانيِّ: "فإنَّنا...خُبزٌ واحِدٌ...لأنَّنا جميعَنا نَشتَرِكُ في الخُبزِ الواحِدِ". وحقيقة أنَّ بولس يُعيد حُجَّته مرَّتين تتغلَّب على النظر إلى الخبز لكونه فقط يصوِّر وحدة الكنيسة ويُمثِّلها؛ فبولس يجادل أنَّ وحدة الكنيسة تجد جذورها فعليًّا في احتفالها بالعشاء الربَّانيّ، أي أنَّ الكنيسة جسدٌ واحدٌ **لأنَّ** الخبز واحدٌ.

ما يقوله بولس هو إنَّ العشاء الربَّانيَّ **يجعل** الكثيرين واحدًا؛ آخذًا بأيدينا، نحن الكثيرين، جامعًا إيَّانا إلى جسدٍ واحد. وبكلماتٍ أُخرى، العشاءُ الربَّانيُّ يؤسِّس الكنيسة المحلِّيَّة. وهذا لا يعني بالتأكيد أنَّ بولس يركِّز على شكليَّات الخبز والأكل، كأنَّ كنيسة كبيرة تستخدم أكثر من رغيف خبز هي أكثر من جسد، فإنَّه في عبارة "الخبز الواحد" يختزل احتفال الكنيسة الجماعيَّ بالعشاء الربَّانيّ. وقصده هو أنَّ اتِّحادنا بالمسيح، في العشاء الربَّانيِّ، يخلق جسد الكنيسة المتَّحد، لأنَّنا جميعنا في شركة مع المسيح معًا.[٢]

وتذكَّر أنَّ العشاء الربَّانيَّ هو علامة القَسَم المُجدِّدة الخاصَّة بالعهد الجديد؛ أي أنَّنا فيه نُجدِّد التزامنا نحو المسيح وبعضنا نحو بعض. وهذا الالتزام المزدوج هو بالتحديد ما يجعل الكنيسة كنيسة.

ما أعنيه هو أنَّ الله يصنع كنيسة محلِّيَّة بخطوتَين. في الخطوة الأولى، يصنع مسيحيِّين. كيف؟ بأن يُرسل كارزين بالمسيح (رومية ١٠: ١٤-١٧)، ثُمَّ يُرسل روحه ليُمكِّن بعضًا ممَّن سمعوا أن يقبلوا المسيح ويعترفوا به

(١كورنثوس ١٢: ٣). وبعدها يجعل كلمته فعَّالة في حياتهم معطيًا إيَّاهم حياة جديدة في المسيح (يعقوب ١: ١٨). يؤسِّس الله كنيسته بإرسال كلمته وإرسال روحه ليجعل كلمته فعَّالة. يصنع الله شعب الإنجيل، شعبًا نال الخلاص بالثقة في المسيح. هذه هي الخطوة الأولى.

وعندما يأتي أُناسٌ إلى المسيح، يصيرون أعضاءً من جسده حول العالم، ويتَّحدون به روحيًّا. لكن ما يصنع كنيسة ليس فقط أنَّ عليهم أن يأتوا إلى المسيح ، بل أن يأتوا بعضهم إلى بعض أيضًا. ينبغي لهم أن يجتمعوا، وأن يكون اجتماعهم هذا نابعًا من التزام. فلا تقفز كنيسةٌ إلى حيِّز الوجود تلقائيًّا عندما يكون مسيحيٌّ أو اثنان في المدينة نفسها، أو حتَّى الغرفة نفسها. وإلَّا لصار لدينا كنيسة جديدة كلَّما تصادف مسيحيَّان في السوق، وانتهت هذه الكنيسة لحظة افتراقهما كلٌّ إلى طريقه. الكنيسة أكثر من مجرَّد مجموعة مسيحيِّين -إنَّها أكثر من مجرَّد مجموعة أجزاء؛ إذ لا بدَّ من أمرٍ يربطهم بعضهم ببعض.

لهذا يحتاج شعب الإنجيل، في سبيل تأسيس كنيسة، أن يضع ما يُمكن أن ندعوه نظام حُكم الإنجيل؛ فالكنيسة تُولد عندما يلتزمون أن يكونوا كنيسة معًا. وهذه هي الخطوة الثانية. تذكَّر تشبيه الزواج! يبدأ الزواج، أو يُولد إن جاز التعبير، عندما يلتزم رجلٌ وامرأة أن يصيرا زوجًا وزوجة، فتؤسِّس عهودهم المتبادلة الزواج. وفي المِثل، تؤسَّس الكنيسة عندما يلتزم مجموعة من المسيحيِّين بعضهم نحو بعض ليطيعوا جميع ما أوصى يسوع كنائسه أن يعملوا معًا: أن يجتمعوا معًا، ويبنوا بعضهم بعضًا بالمحبَّة، ويحملوا أحمال بعضهم بعضًا، ويمارسوا المعموديَّة والعشاء الربَّانيَّ معًا.

وهذا ما يزال عمل الله، إذ إنَّ عمله الخلاصيَّ وقوَّته هما ما يُمكِّنانِنا من التجاوب الصحيح مع الإنجيل، بما في ذلك الالتزام بعضنا نحو بعض. وليس عمل الله وعملنا في منافسة؛ فإنَّه يُمكننا أن نجتمع معًا بصفتنا مسيحيِّين لأنَّ الله أوَّلًا هو من جعلنا مسيحيِّين. والله يؤسِّس كنيسة بأن يجعل مجموعة من الناس مسيحيِّين قبلًا، وبأن يُمكِّنهم من الالتزام بعضهم نحو بعض.

لكن كيف تبدي مجموعة المسيحيِّين هذه التزامها؟ تلعب فريضتا المعموديَّة والعشاء الربَّانيِّ دورًا مُهمًّا في ذلك. ففي المعموديَّة، تلتزم علنًا نحو المسيح وشعبه. وفيها يصير إيمانُك علنيًّا، حيث يرصدك رادار العالم ورادار الكنيسة كاشفًا أنَّك مؤمن. وبعبارات أُخرى، تُميِّزك المعموديَّة عن العالم، وفيها تقول الكنيسة للعالم: "هذا صار خاصَّةَ المسيح".

أمَّا في العشاء الربَّانيّ، فنحن نُجدِّد التزامنا نحو المسيح وشعبه. وعلى خلاف المعموديَّة، نقوم بهذا معًا. يُميِّز العشاء الربَّانيُّ مجموعة المسيحيِّين عن العالم من حولهم بوضع حدٍّ فاصلٍ يجعلهم وحدة واحدة. وتمكِّن الفريضتان المرء أن يُشير إلى مجموعة ما ويقول عنها "كنيسة"، بدل أن يُشير إليها ويقول عنهم فقط "مسيحيِّين".

تخيَّل مسيحيًّا ذهب إلى مدينة جديدة وكرز بالإنجيل، فآمن مجموعة من الناس وقبلوا المسيح معًا. وتخيَّل أنَّه عمَّد كلًّا منهم. كيف تعتقد ستصير مجموعة المسيحيِّين هذه كنيسة ومتى؟ أعتقد أنَّ الجواب الأساسيَّ والجوهريَّ هو: وقتما يحتفلون بالعشاء الربَّانيِّ معًا. تذكَّر أنَّ الاحتفال بالعشاء الربَّانيِّ يُعبِّر عن التزامنا نحو المسيح وبعضنا نحو بعض، وأنَّ قبول

نِعَم المسيح في العشاء الربَّانيِّ يعني قبول شعب المسيح إخوة وأخواتٍ. لذا فإنَّنا في العشاء الربَّانيِّ نفسه نلتزم بعضنا نحو بعض الالتزام الذي يأخذنا من مرحلة "مجموعة مسيحيِّين" إلى "كنيسة محلِّيَّة"، فنتقدَّم بعضنا نحو بعض لنصير جسدًا واحدًا. وكما قال بولس: "فإنَّنا نَحنُ الكَثيرينَ خُبزٌ واحِدٌ، جَسَدٌ واحِدٌ، لأنَّنا جميعَنا نَشتَرِكُ في الخُبزِ الواحِدِ" (١كورنثوس ١٠: ١٧).

وأعتقد أنَّه من الصواب لو وضَّحت الكنائس ما تقوم به عندما تؤسِّس كنيسة، بواسطة تعهُّدٍ شفهيٍّ بين الأعضاء. وفي تقليد الكنائس المعمدانيَّة والكنائس التي يقود فيها شعب الكنيسة نفسه (Congregationalist)، يُسمَّى هذا غالبًا "عهد الكنيسة"، حيث يُتلى العهد كلَّما احتفلت الكنيسة بالعشاء الربَّانيّ. أعتقد أنَّ هذه مُمارسةٌ مُفيدة. لكن هذا لا يعني أنَّ اعترافنا الشفهيَّ يخلق الكنيسة **بغضِّ النظر** عن العشاء الربَّانيّ، بل العكس؛ فالالتزام الشفهيُّ الذي يُعبِّر عنه عهد الكنيسة يُوضِّح ببساطة ما هو ضمنيٌّ في العشاء الربَّانيّ، إذ يُساعد عهد الكنيسة الشفهيُّ فهمنا مذكِّرًا إيَّانا بما نعمله بالتحديد عندما نتناول معًا الخبز والخمر.

وأكرِّر ما قلته سابقًا: أعتقد أنَّ بداية الكنيسة تُشبه إلى حدٍّ ما بداية الزواج. مع التذكير بأنَّ التشبيه ليس كاملًا، حاله حال أيِّ تشبيهٍ. يبدأ الزواج عندما يتبادل رجلٌ وامرأة عهود الزواج، ويُعلن قسٌّ أو أيُّ مسؤولٍ قانونيٍّ زواجهما، ويتمِّم الزوجان زواجهما في فِراش الزواج. وهكذا يفتتح التعهُّد "نعم، أقبل" العلاقة الجديدة، لكنَّها لا تتثبَّت حتَّى يختم الزوج والزوجة على اتِّحادهما جسديًّا.

وبالمِثل، لا تكون مجموعة من المؤمنين كنيسة محلِّيَّة حتَّى يختموا على اتِّحادهم بتناول العشاء الربَّانيِّ معًا. أمَّا إذا لم تحتفل مجموعةٌ من المؤمنين

بالعشاء الربَّانيِّ، مع أنَّهم يريدون أن يكونوا كنيسة، فإنَّهم لا يعصون يسوع فقط، بل هُم بطريقةٍ ما ليسوا كنيسة بعد. فالعشاءُ الربَّانيُّ يُتمِّم الالتزام الذي فيه يصير المسيحيُّون كنيسة.

إذًا، كيف يخلق العشاءُ الربَّانيُّ كنيسة؟ يخلق العشاءُ الربَّانيُّ، إلى جانب المعموديَّة، كنيسة بمساعدة شعب الإنجيل على تشكيل نظام حُكم الإنجيل. في العشاء الربَّانيِّ، يأتي المسيحيُّون معًا، ويلتزمون بعضهم نحو بعض، ويجتازون مرحلة "الكثيرين" إلى "واحد". وفي العشاء الربَّانيِّ، تخلق شركتنا مع المسيح شركةً بعضنا مع بعض. وهكذا يجعل العشاء الربَّانيُّ الكثيرين واحدًا.

بساطة مذهلة

هناك بساطةٌ مُذهلة في تصميم الله للكنيسة. فما الذي يؤسِّس كنيسة؟ إنَّها كرازة الإنجيل التي تخلق شعب الإنجيل الذي يشترك في فرائض الإنجيل. الكنيسة هي الشكل الذي يخلقه الإنجيل وفرائضه عندما تصل شعب الله. تربط المعموديَّة الواحد بالكثيرين، ويربط العشاء الربَّانيُّ الكثيرين جاعلًا إيَّاهُم واحدًا.

وهكذا، يُثبِّت العشاء الربَّانيُّ والمعموديَّة الإنجيلَ في بُنية الكنيسة وهيئتها؛ فإنَّ علامات الإنجيل هذه هي ما تجعل الكثيرين واحدًا. وعندما يجتمع المسيحيُّون معًا ليؤسِّسوا كنيسة، فإنَّهُم لم ينتهوا من الإنجيل، بل هُم على وشك أن يتعمَّقوا فيه.

الفصل الثامن

ما التجمُّع الذي يُمكن أن يُحتفل فيه بالعشاء الربَّانيّ؟

والآن، بعدما ناقشنا القليل عن ماهيَّة العشاء الربَّانيِّ وما يحقِّقه، من الطبيعيِّ أن يكون السؤال التالي: "من له أن يحتفل بالعشاء الربَّانيّ؟". وقد يتضمَّن هذا السؤال ثلاثة أسئلة التي لأهمِّيَّتها، سأُكرِّس لكلٍّ منها فصلًا خاصًّا بها. فسيكون الفصلان التاليان بعنوان: "من يُمكنه أن يُشارك في العشاء الربَّانيّ؟" و"من ينبغي له أن يقود العشاء الربَّانيّ؟".

إلَّا أنَّ السؤال الذي ينبغي أن نجيبه أوَّلًا هو: "ما التجمُّع الذي يُمكن أن يُحتفل فيه بالعشاء الربَّانيّ؟". هل يُمكن للأفراد أن يحتفلوا به وحدهم؟ ماذا عن العائلات وخدمة الجامعات ومجموعات الكنيسة الصغيرة؟

في هذه الفصل، سأُجادل أنَّ الكنيسة المحلِّيَّة وحدها، عندما تكون مُجتمعةً بصفتها كنيسة، مخوَّلٌ لها أن تحتفل بالعشاء الربَّانيّ؛ فالعشاء الربَّانيُّ يؤثِّر في وحدة الكنيسة، إذ يربط الكثيرين ويجعلهم واحدًا. لهذا السبب يختصُّ العشاء الربَّانيُّ بالكنيسة وينبغي أن تحتفل به الكنيسة، عندما تجتمع معًا بصفتها كنيسة.

وقبل أن أستفيض في الحديث عن هذا، أودُّ أن أعترف أنَّ الكثير من المسيحيِّين الذين يحتفلون بالعشاء الربَّانيِّ في سياقات أُخرى يفعلون هذا لأنَّهُم يريدون أن يُكرموا المسيح ويطيعوا كلمته. وقد تستند مُمارسة عددٍ منهم إلى قناعات لاهوتيَّة أُخرى نحو طبيعة الكنيسة. وقد لا يكون آخرون فكَّروا بعد في حقيقة أنَّ الكتاب المُقدَّس يضع الاحتفال بالعشاء الربَّانيِّ في سياق الكنيسة المحلِّيَّة. وإذ نعترف بهذا، لننظر الآن إلى ما يقوله الكتاب المُقدَّس.

إنَّ الوصف المُفصَّل الوحيد للعشاء الربَّانيِّ المتوافر لدينا في العهد الجديد موجودٌ في ١كورنثوس ١٠-١١، ولهذا كرَّسنا أجزاءً كبيرة من الكتاب في هذين الإصحاحين. لكن لننظر مُجدَّدًا إلى ما يقوله بولس بشأن السياق الذي احتفل فيه الكورنثيُّون بالعشاء الربَّانيّ:

- "...كونَكُمْ تجتَمِعونَ ليس للأفضَلِ بل للأردإ" (١١: ١٧)؛
- "لأنِّي أوَّلًا حينَ تجتَمِعونَ في الكَنيسَةِ، أسمَعُ أنَّ بَينَكُمْ انشِقاقاتٍ..." (١١: ١٨)؛
- "فحينَ تجتَمِعونَ مَعًا ليس هو لأكلِ عَشاءِ الرَّبِّ" (١١: ٢٠)؛
- " إذًا يا إخوَتي، حينَ تجتَمِعونَ للأكلِ، انتَظِروا بَعضُكُمْ بَعضًا...كيْ لا تجتَمِعوا للدَّينونَةِ..." (١١: ٣٣-٣٤).

نعرف أن بولس وجَّه رسالته هذه إلى "إلَى كنيسَةِ اللهِ التي في كورِنثوسَ، المُقَدَّسينَ في المَسيحِ يَسوعَ، المَدعوِّينَ قِدِّيسينَ" (١كورنثوس ١: ٢)؛ وهذا يعني أنَّه لم يكن يكتب إلى شريحة واحدة في الكنيسة، ولا مجموعة فرعيَّة

مُعيَّنة، بل كان يكتب إلى كنيسة كورنثوس بأكملها. وفي هذه العبارات الخمسة السابقة من الإصحاح ١١، كان يصف التقاء الكورنثيِّين معًا كواحد في المكان والزمان ذاته. وفي العدد ١٨، يقول بولس بكلِّ وضوح إنَّهم في هذا الاجتماع يجتمعون بصفتهم الكنيسة. لذا فعندما تجتمع الكنيسة معًا للعبادة، تكون **الكنيسة** مجتمعةً حقًّا بطريقة مُميَّزة.

مثلًا، يُمكنك أن تُسمِّي مجموعة من الناس "فريقًا" عندما يلتقون في يومٍ مُعيَّن للعب مُباراة كُرة قدمٍ في مواجهة فريقٍ وطنيٍّ آخر. ومع أنَّ جميعهم ينتمون إلى الفريق سائر أيَّام الأُسبوع، ويتجلَّى هذا في تحضيرهم للمباراة وتدريبهم وما إلى ذلك، فإنَّ هُناك ما يُميِّز الفريق عندما **يكونون معًا** على أرض الملعب بصفتهم فريقًا واحدًا، عندما يأتون معًا ليقوموا بما هُم موجودون لأجله بصفتهم فريقًا، ولا يُمكنهم أن يفعلوه إلَّا معًا.

ويتَّضح من هذا أنَّ بولس يفترض أنَّ هناك وقتًا تجتمع فيه الكنيسة معًا بوصفهم كنيسة، وأنَّه في هذا اللقاء تحتفل الكنيسة بالعشاء الربَّانيّ. وهذا يوافق ما جاء في ١كورنثوس ١٠: ١٧ تمامًا: "فإنَّنا نَحنُ الكَثيرينَ خُبزٌ واحِدٌ، جَسَدٌ واحِدٌ، لأنَّنا جميعَنا نَشتَرِكُ في الخُبزِ الواحِدِ". وكما رأينا في الفصل السابق، يُعلِّم بولس في هذا العدد الكتابيِّ أنَّ العشاء الربَّانيَّ يلعب دورًا في جعل الكنيسة كنيسةً؛ إذ يتمِّم وحدة الكنيسة بطريقة مشابهة لكيفيَّة تتميم الزواج في اتِّحاد الزوجين جسديًّا. يُحتفل بالعشاء الربَّانيِّ من قبل الكنيسة، بصفتها الكنيسة، لأنَّ هذا يُمثِّل وحدة الكنيسة.

نتيجة لذلك، الكنيسة المحلِّيَّة وحدها يمكنها أن تحتفل بالعشاء الربَّانيِّ، وعليهم أن يحتفلوا به في اجتماع الكنيسة كُلِّها. لذا يجب ألَّا تحتفل مجموعات أُخرى غير الكنيسة؛ مثل العائلة أو خدمة الجامعة أو مؤتمر أو مجموعة دراسيَّة. ويجب ألَّا تحتفل به مجموعة من الكنيسة بعيدًا عن الكنيسة بأكملها؛ مثل اجتماع الشبيبة أو فريق الإرساليَّة أو العروس والعريس في مراسم زواجهما. ويجب أيضًا ألَّا "يُأخذ" العشاء الربَّانيُّ إلى من لا يستطيعون مغادرة البيت أو المستشفى، مع أنَّ من يفعلون هذا يفعلونه من منطلق الرأفة والمحبَّة.

يعني هذا أيضًا أنَّه لا ينبغي أن يُحتَفَل بالعشاء الربَّانيِّ في مجموعات بيتيَّة أو لقاءات تبشيريَّة أو مهما كان اسمها، إذا كانت هذه فرعًا من كنيسة؛ فالعشاء الربَّانيُّ يجعل الكثيرين جسدًا واحدًا، والجسد هذا لا يتجزَّأ. لذا فإن كان هُناك عددٌ من المجموعات الصغيرة تحتفل بالعشاء الربَّانيِّ، فإنَّ هذه حقيقةً كنائس عدَّة. ولكلٍّ من هذه الكنائس يجب أن يتوافر قادة ونظام خاصٌّ في العضويَّة والتأديب وغيرها من مزايا الكنيسة الواحدة.

يُعدُّ العشاءُ الربَّانيُّ المائدةَ التي تجتمع حولها العائلة الواحدة بأكملها. وما هو تحويل العشاء الربَّانيِّ من مائدة يجتمع الجميع حولها إلى مائدة يجتمع حولها بعض الأفراد، إلَّا تحويلٌ للعشاء الربَّانيِّ إلى شيءٍ آخر كُليًّا.

ولا يُقلِّل هذا الشرطُ من أهميَّة العشاء الربَّانيِّ، بل يضعه في مكانته المرموقة التي وضعه يسوع المسيح فيها؛ أي لكونه الوقت التي تجتمع فيه الكنيسة بأكملها معًا. وبالحفاظ على العشاء الربَّانيِّ بصفته مائدة **كُلِّ**

الكنيسة، نحافظ على دور الفريضة الكتابيّ في تأكيد وحدة الكنيسة؛ فالعشاء الربَّانيُّ يُحدِّد هُوِيَّتنا بصفتنا كنيسة، ويُعبِّر عن وحدتنا لأنَّنا نُمارسه معًا.

بالاحتفال بالعشاء الربَّانيّ معًا نحن الكنيسة، نتذكَّر أنَّه في جسد المسيح، الكلُّ أعظمُ من مجموعة الأجزاء؛ أي أنَّنا في انتمائنا إلى المسيح، ننتمي بعضنا إلى بعض -ننتمي إلى جميع أعضاء الجسد. ونتذكَّر أنَّه مع أنَّنا كثيرون في المسيح، نحن واحدٌ لأنَّنا نشترك في الخبز الواحد، ونشرب من الكأس الواحدة.

الفصل التاسع

من يُمكنه أن يُشارك في العشاء الربَّانيّ؟

السؤال التالي الذي نحتاج أن نُعالجه هو: ”من يُمكنه أن يُشارك في العشاء الربَّانيّ؟“. هل الجميع مُرحَّبٌ بهم إلى المائدة، المسيحيُّون وغير المسيحيِّين، مُعمَّدين وغيرُ مُعمَّدين؟ في هذا الفصل، سُأبيِّن أنَّ العشاء الربَّانيَّ يخصُّ المؤمنين المُعمَّدين الذين ينتمون إلى كنيسة.

هذه مسألةٌ مُهمَّةٌ وموضع جدلٍ؛ فالكثير من المسيحيِّين لديهم آراء وقناعات راسخة تختلف عمَّا سأستعرضه هُنا. وما مِن نصٍّ كتابيٍّ يعالج هذه المسألة بصورةٍ مُباشرة ومُفصَّلة. وحتَّى نتوصَّل إلى إجابة كتابيَّة، نحتاج أن ننظُر في تعاليم الكتاب المُقدَّس المُختصَّة بالعشاء الربَّانيِّ والمعموديَّة والكنيسة المحلِّيَّة، ونستقصي ما هو مُتضمَّنٌ فيها.

العشاءُ الربَّانيُّ يخصُّ المؤمنين

أوَّلًا، يخصُّ العشاءُ الربَّانيُّ المؤمنين؛ أي من يثقون بيسوع المسيح ليخلِّصهم من خطاياهُم. وهذا الأمرٌ ليس جَدليًّا إلى الغاية. ويعتقد بعض المسيحيِّين أنَّ العشاء الربَّانيَّ ينبغي أن يُقدَّم إلى جميع من يرغبون في المشاركة فيه،

وأنَّه قد يُساعد على أن يهتدي الناس إلى المسيح. لكنَّنا قد ناقشنا سابقًا في الفصل السادس أنَّ المُشاركة في العشاء الربَّانيِّ هي تجديدٌ لاعترافنا بالإيمان في المسيح، وتجديدٌ لالتزامنا نحوه وشعبه. يُمكن للمؤمنين وحدهم أن يُشاركوا في العشاء الربَّانيِّ لأنَّه أصلًا تصريحٌ علنيٌّ مفاده: "أنا أُومن بيسوع هذا الذي بذل جسده ودمه ليُخلِّصني".

وعلاوة على هذا، ينبغي للمؤمنين وحدهم أن يُشاركوا في العشاء الربَّانيِّ لأنَّ الاشتراك فيه بصورة خاطئة يُهدِّد بالدينونة؛ إذ يقول بولس إنَّ الذي يتناول العشاء دون تمييز العلاقة ما بين الثقة بالمسيح والمحبَّة نحو شعبه يكون "مُجرِمًا في جَسَدِ الرَّبِّ ودَمِهِ" (١كورنثوس ١١: ٢٧). وما غيرُ المؤمن سوى من لا يرى هذه العلاقة ولا يعيشُ في ضوئها؛ فهو لا يثق بالمسيح ولا يُحبُّ شعب المسيح.

لهذا فأفضل تعبيرٍ عن المحبَّة يُمكن أن تُبديه الكنيسة نحو غير المؤمنين هو أن تخبرهم أنَّه لا يُمكن لهم أن يُشاركوا في مائدة عائلة الكنيسة. هذا قد يُثير اهتمامهم في المسيح، لأنَّه سيُذكِّرهم أنَّهم لا ينتمون إلى المسيح أو كنيسته حتَّى يضعوا كامل ثقتهم في المسيح. وإلى أن يثقوا بالمسيح، لن تكون لهم نِعمُ العشاء الربَّانيِّ التي يُعلنها أمامنا، من مغفرة ومُصالحة وضمان ورجاء.

على غير المؤمنين الذين يحضرون كنيستك أن يشعروا أنَّه مُرحَّبٌ بهم، وأنَّهُم مُستَثنون، في الوقت نفسه؛ مُرحَّبٌ بهم في العبادة وجميع الاجتماعات العامَّة. وعلى أعضاء الكنيسة أن يستقبلوهم ويُصادقوهم ويُحبُّوهم

ويخدموهم. وإن كان غير المسيحيِّين يظنُّون أنَّ المسيحيِّين متكبِّرون ويعدُّون أنفسهم صالحين، فإنَّ على ترحيب الكنيسة الحارِّ أن يبدِّد هذه الظنون.

وفي الوقت نفسه، على غير المؤمنين الذين يحضرون كنيستك أن يشعروا أنَّهُم مُستثنون، ويتوقوا إلى القُرب الذي لك مع المسيح والآخرين في الكنيسة. هذا وينبغي أن يُدركوا أكثر فأكثر أنَّهُم إن لم يتوبوا ويثقوا في المسيح، لن ينعموا أبدًا بتلك الوحدة والقُرب. لذا فحقيقة أنَّ العشاء الربَّانيَّ يخصُّ المسيحيِّين فقط، تُوضِّح رسالة الإنجيل وتُذكِّر غير المسيحيِّين بحاجتهم للمسيح. وتعبر عناصر العشاء عنهم لأنَّهُم هُم عبروا عن المسيح. وعندما تعبُر العناصر عنهم، يساعدهُم هذا أن يتلقَّوا دعوة: "تعالوا إلى المسيح! اتركوا خطاياكُم وثقوا به!".

العشاءُ الربَّانيُّ يخصُّ المؤمنين المُعمَّدين

ثانيًا، يخصُّ العشاءُ الربَّانيُّ المؤمنين المُعمَّدين.[٣] فالمعموديَّة هي حيثُ يظهر الإيمانُ علنًا (أعمال الرسل ٢: ٣٨-٤١)؛ والطريقة التي نلتزم فيها نحو المسيح وشعبه علنًا. والمعموديَّة هي أيضًا الطريقة التي تُؤكِّد فيها الكنيسة اعتراف المؤمن بالإيمان، وتُؤكِّد التزامه نحو المسيح يسوع الربّ. وهذا ما يعنيه أن يتعمَّد المرءُ "إلى اسم" الآب والابن والروح القُدُس (متَّى ٢٨: ١٩).

في المعموديَّة، ترصد رادارات الكنيسة والعالم هذا المؤمن لكونه مسيحيًّا؛ إذ إنَّها الطريقة التي فيها نعترف علنًا بالإيمان بالمسيح. أمَّا العشاءُ الربَّانيّ، كما سبق ورأينا، ففيه نُجدِّد اعترافنا هذا؛ أي أنَّنا فيه نؤكِّد باستمرارٍ

التزامنا نحو المسيح وشعبه. وما أقصده هُنا هو أنَّ عليك أن تعترف أوّلًا، قبل أن تسعى إلى تجديد اعترافك هذا باستمرار. العشاءُ الربَّانيُّ ليس مائدةً خصوصيَّة بين مجموعة أصحاب، إنَّما احتفال الكنيسة العلنيُّ بالشركة مع المسيح والآخرين. لهذا السبب يُمكن لمن تعمَّدوا فقط -لمن اعترفوا علنًا بالإيمان المسيحيِّ، أن يحتفلوا به.

تذكَّر أنَّنا ناقشنا أنَّ المعموديَّة هي علامة القَسَم المُبادِرة الخاصَّة بالعهد الجديد، وأنَّ العشاء الربَّانيَّ هو علامته المُجدِّدة. وما دام العشاء الربَّانيُّ يحكي عن تجديد الالتزام، فإنَّ عليك أن تؤسِّس هذا الالتزام (في المعموديَّة) قبل أن تسعى إلى تجديده.

لكن ماذا عن المؤمنين الذين "تعمَّدوا" رُضَّعًا؟ هل يُمكن للكنيسة أن تسمح لهم بالاشتراك في العشاء الربَّانيّ؟ من الطبيعيِّ أن تسمح الكنائس التي تُعمِّد الرُّضَّع بهذا! لكنِّي أعتقد وبقناعة عميقة أنَّ الكنائس التي تُعلِّم معموديَّة المؤمنين وتمارسها، عليها أن تسمح لمن اعتمدوا مؤمنين فقط بالاشتراك في العشاء الربَّانيّ. وأجد نفسي مُقتنعًا أنَّ المعموديَّة هي للمؤمن وليست للرُّضَّع بسبب ما جاء في الكتاب المُقدَّس عن معنى المعموديَّة ووظيفتها.

بل يُمكنُني أن أُحاجج أنَّ معموديَّة الرُّضَّع ليست معموديَّة أصلًا. المعموديَّة، كما سبق ورأينا، هي عملٌ تؤدِّيه الكنيسة لتؤكِّد وحدة مؤمنٍ ما بالمسيح وتصوِّرها بتغطيسه في الماء، وهي عمليَّةُ التزام المؤمن علنيًّا نحو المسيح وشعبه؛ لذا، دون الاعتراف بالإيمان، لا مجال للمعموديَّة. وليست

معموديّة الرُّضَّع مغلوطةً حتّى، مثلما أنَّ معلومة مغلوطة لا تزال معلومة، إذ هي ليست معموديّة أصلًا. لذا فإنَّ مَن "تعمَّدوا" رُضَّعًا لم يتعمَّدوا أصلًا، وما زالوا يحتاجون أن يتعمَّدوا.

لذا، ينبغي للكنيسة أن تسمح للمؤمنين المُعمَّدين فقط بتناول العشاء الربَّانيّ؛ وبالمؤمنين المُعمَّدين أقصد المؤمنين الذي تعمَّدوا لمَّا صاروا مؤمنين. فالالتزام نحو المسيح وشعبه، يسبق بلا شكٍّ السعي إلى تجديد هذا الالتزام. والاعتراف علنًا بالإيمان، يسبق الاحتفال بمائدة شركة الكنيسة العلنيَّة.

العشاءُ الربَّانيُّ يخصُّ المؤمنين المُعمَّدين الذين ينتمون إلى كنيسة

ثالثًا، يخصُّ العشاء الربَّانيُّ المؤمنين المُعمَّدين الذين ينتمون إلى كنيسة. في العهد الجديد، يعني قبول المسيح قبول الكنيسة. وفي يوم الخمسين، ضُمَّ إلى الكنيسة كلُّ الذين آمنوا وتعمَّدوا في اليوم نفسه (أعمال الرسل ٢: ٣٨-٤١). وأينما وصلت بشارة الإنجيل وأقبَلَ الناس إلى المسيح، تكوَّنت الكنائس (أعمال الرسل ١٤: ٢٣؛ ١٥: ٤١؛ ١٦: ٥؛ ١٨: ٢٢). ويعني أن تصير مسيحيًّا أن تصير عضوًا في جسده، أي أخًا أو أُختًا في عائلته، وحجرًا حيًّا في هيكله المُقدَّس (١كورنثوس ١٢: ١٢-٢٦؛ متّى ١٢: ٤٦-٥٠؛ أفسس ٢: ٢١-٢٢؛ ١بطرس ٢: ٤-٥). وبحسب العهد الجديد، ليس هناك ما يُدعى "مسيحيِّين دون كنائس"؛ فعلى كلِّ مسيحيٍّ أن ينتمي إلى كنيسة ما.

وقد نجد لمحات من هذا في الإصحاح الخامس من الرسالة الأولى إلى أهل كورنثوس؛ حيث يحثُّ بولس الكورنثيِّين ألَّا يكونوا في شركة مع من يدَّعون أنَّهم مسيحيِّين ويتصرَّفون كما لو كانوا وثنيِّين. وهو لا يقصد أن يقول لهم إنَّ عليهم ألَّا يُصاحبوا غير المسيحيِّين "وإلَّا فيَلزَمُكُمْ أنْ تخرُجوا مِنَ العالَمِ!" (عدد ١٠). إنَّما:

> وأمَّا الآنَ فكتَبتُ إلَيكُمْ: إنْ كانَ أحَدٌ مَدعوٌّ أخًا زانيًا أو طَمَّاعًا أو عابِدَ وثَنٍ أو شَتَّامًا أو سِكِّيرًا أو خاطِفًا، أنْ لا تُخالِطوا ولا تؤاكِلوا مِثلَ هذا. لأنَّهُ ماذا لي أنْ أدينَ الذينَ مِنْ خارِجٍ؟ ألَستُمْ أنتُمْ تدينونَ الذينَ مِنْ داخِلٍ؟ أمَّا الذينَ مِنْ خارِجٍ فاللهُ يَدينُهُمْ. «فاعزِلوا الخَبيثَ مِنْ بَينِكُمْ». (أعداد ١١-١٣)

يجب على المسيحيِّين ألَّا يكونوا في شركة مع من يدَّعون الإيمان بالمسيح بينما يناقضون هذا الادِّعاء بخطايا لا يتوبون عنها. وهذا الحُكم لا ينطبق على من هُم من خارج، أي غير المسيحيِّين، بل على من كان "مَدعوًّا أخًا" ومن كان "مِنْ داخِلٍ" (أعداد ١١-١٢). ومن هذا نرى أن بولس كان يفترض أنَّ هُناك من هُم مِن داخل الكنيسة في كورنثوس ومن هُم مِن خارجها. مَن هُم مِن داخل هُم من يعترفون بالمسيح ويؤمنون به، ومَن هُم من خارج لا يعترفون ولا يؤمنون به. ومع أنَّهُ أمرٌ مُحزنٌ، فإنَّه ضروريٌّ أن تُقصي الكنيسة من يدَّعون الإيمان بالمسيح لكنَّ حياتهُم تصوِّر العكس.

لذا على الكنائس المحلِّيَّة أن ترسُمَ خطًّا واضحًا يوضِّح مَن هُم مِن داخل ومَن هُم مِن خارج، ليكون كلُّ من يؤمن بالمسيح في الداخل، حيث ينتمون. وهكذا يصير من يدَّعي الإيمان بالمسيح ولا ينتمي إلى كنيسة، مُفسدًا متطرِّفًا لصورة الحياة المسيحيَّة؛ إذ إنَّه يناقض أبسط نواحي هُوِيَّته المسيحيَّة، ويفشل في أن يخطو الخطوات الأساسيَّة الأولى نحو طاعة جميع الوصايا الكتابيَّة التي تُعنى بـ"بعضكم بعضًا"، من انتماء وخضوع وحضور أسبوعيّ. إنَّ المسيحيَّ الذي لا ينتمي إلى كنيسة محلِّيَّة يشبه ببساطة حجرًا قفز من حائط، أو يدًا قطعت نفسها من الجسد، أو يتيمًا يتَّمَ نفسه بنفسه.

وكما سبق ورأينا، فإنَّ العشاء الربَّانيَّ يخصُّ الكنيسة بأكملها؛ إذ يجعل أعضاء الكنيسة الكثيرين جسدًا واحدًا. أمَّا إذا لم ينتمي مسيحيٌّ ما إلى كنيسة، فإنَّ حياته خارج إطار هذا الواقع، ويحتاج أن ينضمَّ إلى الجسد قبل أن يتسنَّى له الاحتفال بشركة الجسد. وبتعبيرٍ آخر، يحتاج أن يعود إلى العائلة حتَّى يحقَّ له الجلوس إلى مائدة العائلة. ويحتاج أن يلتزم نحو عائلة الكنيسة قبل أن يتمكَّن من تجديد هذا الالتزام باستمرار بواسطة العشاء الربَّانيّ.

مكان التقاء الكنيسة

ناقشنا في الفصل السابع أنَّ العشاء الربَّانيَ يجعل الكثيرين واحدًا (١كورنثوس ١٠: ١٧)، ويؤسِّس الكنيسة المحلِّيَّة بصفتها جسدًا واحدًا متمايزًا عن غيره. وبكلمات أُخرى، العشاء الربَّانيُّ هو مكان التقاء الكنيسة. ولو عبَّرنا عن هذا بصورةٍ مُباشرة لقُلنا إنَّ العشاء الربَّانيَّ هو علامةٌ واضحة على وجود كنيسة ما بصفتها كنيسة حقًّا، وعلى عضويَّة كلِّ عضوٍ في هذه الكنيسة.

وهكذا فإنَّ العشاء الربَّانيَّ هو حيث ينضمُّ المسيحيُّون إلى الكنيسة وحيثُ يُعزَلون عنها؛ أي أنَّ الانضمام إلى عضويَّة الكنيسة يعني الانضمام إلى المشاركة في العشاء الربَّانيِّ بانتظام. لذا يُمكننا أن نقول بصراحة إنَّ عضويَّة الكنيسة **هي** تلك المشاركة المنتظمة في المائدة، وإنَّ أعضاء الكنيسة هُم من تسمح لهم الكنيسة بالتناول بانتظام، ومن يفعلون ذلك حقًّا.

ومن الناحية الأُخرى، يحدُث الإقصاء أو العزلُ عن الكنيسة في العشاء الربَّانيِّ أيضًا. يُشترط في عضويَّة الكنيسة توبةٌ صادقة ومستمرَّة، لا الكمال. والمسيحيُّون هُم من تركوا خطاياهُم ووثقوا بالمسيح، ومن يستمرُّون في ترك خطاياهُم والثقة بالمسيح. لكن ماذا لو توقَّف مسيحيٌّ عن التوبة عن خطاياه؟ علَّمنا يسوع أن نتوسَّل إلى هذا ليتوب -أوَّلًا، على انفراد، ثُمَّ علنًا شيئًا فشيئًا. لكن لو أصرَّ على عدم توبته، على الكنيسة أن تعزله وتعاملَه لكونه غريبًا (متَّى ١٨: ١٥-١٧). وما الهدفُ من هذا كُلِّه، حتَّى النهاية، إلَّا أن يتوب هذا الفرد ويُستردَّ (٢كورنثوس ٢: ٦-٨).

ماذا يعني أن تعزل عائلة الكنيسة أحدهم عن الشركة معها؟ في أبسط معانيه، يعني هذا أنَّ هذا الفرد لم يَعُد مُرحَّبًا به للاشتراك في العشاء الربَّانيّ، مائدة العائلة. لذا، حتَّى يتوب هذا الفرد، يجب على الكنيسة ألَّا تعامله بصفته أخًا أو أُختًا.

يجعل العشاء الربَّانيُّ الكنيسة واضحة للعيان، وكأنَّه يقول: **هؤلاء** الذين تراهم في شركة مع المسيح وبعضهم مع بعض **هُم** الكنيسة. لذا فإنَّ اشتراكك المنتظم في العشاء الربَّانيِّ هو وجودك في الكنيسة؛ وعزلك عن العشاء الربَّانيِّ هو وجودك خارجها، لأنَّ العشاء الربَّانيَّ هو مكان التقاء الكنيسة.

أعضاء الكنيسة فقط؟

لكن هل يعني كُلُّ هذا أنَّه لا يُمكن لغير أعضاء الكنيسة نفسها أن يُشاركوا في العشاء الربَّانيِّ فيها؟ وأنَّه يجب أن يُستثنى المؤمنون المُعمَّدون من كنيسة أُخرى من الاحتفال به؟ يتبنَّى عددٌ من المسيحيِّين الذين أحترمهم هذا الموقف، إلَّا أنَّني أختلف معهم. إليكم سببين لهذا.

أوَّلًا، نقرأ في أعمال الرسل ٢٠ عن سفر بولس ولوقا وتلاميذ آخرين إلى ترواس ولقائهم مع الكنيسة هُناك. يقول العدد السابع من الإصحاح: "وفي أوَّلِ الأُسبوعِ إذ كانَ التلاميذُ مُجتَمِعينَ ليَكسِروا خُبزًا". ومع أنِّي لست مُتأكِّدًا جدًّا، فأعتقد أنَّه من المُرجَّحِ أنَّ هذا يُشير إلى اجتماع الكنيسة لتناول العشاء الربَّانيّ، وأنَّ لوقا في استخدامه ضمائر المتكلِّم الجمع في سياق الحديث أشار إلى مُشاركته ورفقاء السفر في هذا. وإن جاز التعبير، فإنَّ هذا مثالٌ عمَّا يُمكن أن نُسمِّيه "كسر خُبزٍ مع زوَّار". فيبدو أنَّ المسيحيِّين الذين لا ينتمون إلى كنيسة محلِّيَّة مُعيَّنة -في هذه الحالة، لأنَّهُم لا يعيشون في تلك المدينة، اشتركوا في احتفال الكنيسة بالعشاء الربَّانيّ.

ثانيًا، وإن لم يكن هذا المثال الكتابيُّ جوابًا قاطعًا، أعتقد أنَّ على الكنائس ألَّا تَحسبَ السكن في منطقتها لمدَّة طويلة متطلَّبًا سابقًا للمشاركة في العشاء. فكِّر مثلًا في كنيسة بيتيَّة من ثمانية أعضاء جاء أحد أعضائها بمسيحيٍّ آخر من مدينة أُخرى إلى اجتماع الكنيسة. في هذه الحالة، يُمكن للكنيسة أن تتعرَّفه بسهولة في خضمِّ لقائهم، وتعرف قصَّة إيمانه بالمسيح، وإن تعمَّد أم لا، وغيرها من الأُمور. ممَّا قد يدفعني لأُجادل أنَّه ليس للكنيسة سببٌ يدفعها لتستثني هذا من العشاء الربَّانيّ.

ولنفرض أنَّ هذا الزائر انتقل للعيش في المدينة نفسها. في هذه الحالة، ليس من سبب يمنع انضمامه إلى الكنيسة من الأسبوع الأوَّل. وإن كان هذا صحيحًا، لا أرى أيَّ سببٍ لعزله من الشركة لو كان سيحضر يوم أحدٍ واحدٍ فقط. فمن حيث المبدأ، مَن كان مؤهَّلًا للانضمام إلى الكنيسة هو مؤهَّلٌ للمشاركة في العشاء الربَّانيّ.

"عضويَّة الكنيسة" ليست سوى تسمية نُطلقها على العلاقة بين الكنيسة والمسيحيِّ -علاقة يدلُّ عليها الانضمام المنتظم إلى العشاء الربَّانيِّ، وبطريقة ما، هو يخلقها. أمَّا الأفراد الذين يزورون الكنيسة لمدَّة أُسبوعٍ فقط، فلن يصيروا أعضاءً فيها لأنَّهم لن يعيشوا حياة التلمذة مع يسوع في إطار هذه الكنيسة المحلِّيَّة. لكن إن كان مُرحَّبًا بهم ليكونوا أعضاءً فيها في حالة انتقالهم إلى المدينة مثلًا، وإن كانوا أعضاءً أصلًا في مكانٍ آخر، فأعتقد أنَّه ينبغي أن يُرحَّبَ بِهِم للمشاركة في العشاء الربَّانيِّ بصفتهم زوَّارًا.

في ضوء هذا كلِّه

في ضوء هذا كلِّه، أعتقد أنَّ على الكنائس أن تُرحِّب بأيِّ مؤمنٍ مُتعمِّدٍ ينتمي أصلًا إلى كنيسة ما ليُشارك في العشاء الربَّانيِّ، وأن تُرحِّب به أيضًا إذا رغب في الانضام إلى الكنيسة؛ هذا لأنَّ عضو الكنيسة أصلًا يُعرَّفُ بأنَّه من كان يُرحَّب به في الجلوس إلى المائدة. وأيضًا، أرى أنَّ على الكنيسة أن تُرحِّب إلى المائدة المؤمنين المُعتمِّدين الذين ينتمون إلى كنيسة كتابيَّة أُخرى.

وماذا عن طريقة توضيح الكنيسة لمُتطلَّبات المشاركة هذه؟ أظنُّ أنَّ هذا يعتمد على حجم الكنيسة وظروفها. لكن من المُهمِّ التذكير بأنَّ سلطة الكنيسة تتجلَّى في الإعلان عنها، لا في القمع والإجبار عليها؛ لذا ينبغي لمن يقود العشاء الربَّانيَّ أن يوضِّح شفهيًّا من يُمكنه المشاركة في العشاء الربَّانيّ، وينبغي للأفراد أن يحترموا إعلان الكنيسة هذا. وفي حال مشاركة من لا يحقُّ له ذلك، قد يتطلَّب هذا التحدُّث معه بهدوءٍ، لا إجباره أو منعه بالقوَّة الجسديَّة.

وقد يختلف ما تحتاج الكنيسة أن تقوله علنًا لتوضيح متطلَّبات المُشاركة في العشاء بناءً على ما قد يكونُ مُسلَّمًا من جهة الحضور وما قد يكون موضع حيرة أو غموض. ففي سياقنا هُنا في الغرب، أنصح من يقود تناول العشاء أن يقول: "إن كُنتَ عضوًا في هذه الكنيسة، أو عضوًا في كنيسة إنجيليَّة أُخرى، وقد تعمَّدتَ بعدما آمنتَ بيسوع، فإنَّك مُرحَّبٌ بك لتشترك معنا".

العشاءُ الربَّانيُّ مُتاحٌ للمؤمنين المُعمَّدين الذين ينتمون إلى كنيسة. وما دام العشاء الربَّانيُّ يُجدِّد التزامنا نحو المسيح، فإنَّه يخُصُّ مَن هُم مُلتزمون نحو المسيح. وما دام يجعل الكنيسةَ مرئيَّة، فإنَّه يخصُّ مَن أظهروا للجميع أنَّهُم مسيحيُّون بطريقة مرئيَّة في المعموديَّة. وما دام العشاءُ مائدة عائلة الكنيسة، فإنَّهُ يخصُّ أفراد هذه العائلة.

الفصل العاشر

من ينبغي له أن يقود العشاء الربَّانيّ؟

طرحتُ قبل فصلَين السؤال: "من له أن يحتفل بالعشاء الربَّانيّ؟"، فكان الفصلان السابقان استفاضةً في الحديث عن ناحيتَين من هذا السؤال هُما: ما التجمُّع الذي يُمكن أن يُحتفل فيه بالعشاء الربَّانيّ؟ ومن يُمكنه أن يُشارك في العشاء الربَّانيّ؟ أمَّا الآن، فسنطرح السؤال الأخير مِن هذه الأسئلة: من ينبغي له أن يقود العشاء الربَّانيّ؟

إنَّ إجابتي المُباشرة هي أنَّه إن كان للكنيسة قسِّيسٌ أو مجموعةُ قساوسة، فينبغي لواحدٍ منهم أن يقود تناول العشاء. أمَّا إن لم يكُن للكنيسة قسِّيسٌ راعٍ، فينبغي لهم أن يُقرِّروا مَن مِن الأعضاء أكثر تأهيلًا، وهذا غالبًا مَن يُعلِّم الكتاب المُقدَّس عادةً.

لماذا ينبغي للقسِّ أن يقود العشاء الربَّانيّ؟ لسببين رئيسيَّين. أوَّلًا، يُعدُّ العشاءُ الربَّانيُّ عملًا تقوم به الكنيسة، والرعاةُ هُم مَن عُيِّنوا ليقودوا الكنيسة. وما دامت الكنيسةُ تُحاسَبُ على سماعها كلمة الله وطاعتها إيَّاها، فإنَّ الرُّعاة هُم مَن كُلِّفوا للكرازة بالكلمة وتعليمها (١تيموثاوس ٣: ٢؛ تيطس ١: ٩). وبالمِثل، أقترح أنَّه ما دامت الكنيسة بأكملها تُحاسَبُ

على احتفالها بالعشاء الربَّانيِّ بصورةٍ صحيحة، فإنَّ دَور القساوسة الرعاةِ في القيادة يجعل الأمر مناسِبًا أن يقودوا هُم الاحتفال به.

ثانيًا، لنتذكَّر أنَّ العشاء الربَّانيَّ هو "الكلمة المرئيَّة"؛ أي أنَّه يُصوِّر رسالة الإنجيل ويبيِّنُ أحداثها لعيوننا، وأيدينا وأفواهنا. وكما ذكرنا، الرعاةُ هُم من خُصِّصوا ليُعلنوا الكلمة. وما دام هُناك خطٌّ رفيعٌ يصل ما بين الكلمة المسموعة والكلمة المرئيَّة والملموسة في العشاء الربَّانيّ، فإنَّ الرجال أنفسهم الذين خُصِّصوا لهذه ينبغي أن يقودوا تلك.

لكن أعتقد أنَّ هُناك بعض الحالات الاستثنائيَّة؛ فأحيانًا قد لا يكون للكنيسة قساوسة معيَّنين، إذ يُمكن أن تكون كنيسةٌ قد زُرِعَت للتوِّ بجُهد مجموعة، ولا يكونوا قد عيَّنوا بعد راعيًا لهم بطريقة رسميَّة مع أنَّهُم قد اجتمعوا وصاروا كنيسة. ومن الشائع أيضًا أن تكون كنيسة قائمة قد خسرت راعيها لسببٍ ما ولم تجد آخر بعد. هل يعني هذا أنَّ الكنيسة التي زُرعت للتوَّ أو تلك القائمة منذ فترة لا تستطيع أن تحتفل بالعشاء؟

أعتقد أنَّهُ يُمكنهُم ذلك وإليكم السبب: يُعلِّمنا الكتاب المُقدَّس أنَّ الرعاة عطيَّةٌ من المسيح لكنيسته، وينبغي لكلِّ كنيسة أن يكون لديها قسيسٌ. بل يجب أن تسعى كلُّ كنيسةٍ أن يكون لها عددٌ من الرعاة؛ لأنَّ تعدُّد قادة الكنيسة (الذين يدعوهم العهد الجديد بألقابٍ مترادفة هي: رعاة، شيوخ، نُظَّار) هو النموذج الكتابيُّ الواضح (أعمال الرسل ١٤: ٢٣؛ ٢٠: ١٧، ٢٨؛ أفسس ٤: ١١-١٢؛ فيلبِّي ١: ١؛ ١تيموثاوس ٣: ١-٧؛ تيطس ١: ٥-٩؛ يعقوب ٥: ١٤).[٤] لكن مع أنَّ الرعاة عنصرٌ أساسيٌّ في كنيسة منظَّمة جيِّدًا

(تيطس ١: ٥)، وأساسيُّون لسلامة الكنيسة ونموِّها على المدى البعيد (أفسس ٤: ١١-١٦)، فإنَّ وجودهم ليس جوهريًّا لوجود الكنيسة؛ إذ يُمكن أن تكون هناك كنيسة قبل أن تُعيِّن قسِّيسًا أو بعد أن تخسر واحدًا أو تُنحِّيه.

لاحظ مثلًا أنَّه في سَفَرِ بولس وبرنابا في لسترة وأيقونية وأنطاكية، عيَّن الرسولان شيوخًا في كلِّ كنيسة (أعمال الرسل ١٤: ٢٣؛ راجع أيضًا تيطس ١: ٥). فبسبب حاجة الكنائس إلى شيوخٍ، بادر بولس وبرنابا بتعيينهم. ولا يقول النصُّ الكتابيُّ إنَّ بولس وبرنابا عيَّنا شيوخًا ليكون وجود الكنائس مُمكنًا. الكنائس كانت موجودة أوَّلًا.

وما دام العشاء الربَّانيُّ مائدة الكنيسة، فإنَّ لدى الكنيسة السلطة التي تخوِّلها أن تحتفل به، حتَّى في هذه الظروف الاستثنائيَّة التي لا يتوافر فيها قسِّيسٌ ليقود الفريضة. وفي هذه الحالة، على الكنيسة أن تتَّفق حول أفضل مُرشَّحٍ ليقود كسر الخبز. يجب أن يكون تقيًّا وموثوقًا، ويُفضَّل أن يكون أحد أعضاء الكنيسة نفسها ممَّن يخدمون بطريقة أشبه ما يُمكن لخدمة راعٍ مرسوم، بالأخصِّ من حيث تعليم الكتاب المُقدَّس. أمَّا غير ذلك، فإذا وجدتَ نفسك في موقفٍ مُشابه، فليس لي سوى أن أُشجِّعك أن تُصلِّي أن يمنح الله كنيستك حكمةً ووحدة، وأن يُعطي الكنيسة سريعًا رُعاةً أمناء ليقودوا الجسد ويُشدِّدوه.

الفصل الحادي عشر

كيف ينبغي للكنائس أن تحتفل بالعشاء الربّانيّ؟

كيف ينبغي للكنائس أن تحتفل بالعشاء الربّانيّ؟ لا شكَّ أنّه فور ما نبدأ بالاستفسار عن كيفيَّة عمل شيءٍ ما، تصير الأسئلة أكثر جدًّا ممّا يُمكن الإجابة عنها في ما تبقّى لنا من مجال؛ وهذا لأنَّ الكنائس التي تختلف أحجامها وسياقاتها الثقافيَّة وتاريخها، ستواجه تحدِّياتٍ وفُرصًا مُختلفة من نحو احتفالها بالعشاء الربّانيّ.

لذا لن أُحاول في هذا الفصل الإجابة عن جميع الأسئلة التي لديك، أو كتابة تعليماتٍ مُفصَّلة يجب أن تتبعها كلُّ كنيسة. إنَّما سأُحاول طرح بعض النقاط الأساسيَّة التي هي إمَّا وصايا واضحة في الكتاب المُقدَّس وإمَّا مضامين تعاليمه. وهكذا سنناقش بإيجازٍ ستَّة أُمور؛ الأربعة الأُولى، أعتقد أنَّ الكتاب المُقدَّس يوصي الكنائس بها بوضوح. والاثنتان الأخيرتان، أرى أنَّهما موضع حرّيَّة.

تجمُّع الكنيسة بأكملها

أوَّلًا، ينبغي للكنيسة أن تحتفل بالعشاء الربّانيّ في سياق تجمُّع الكنيسة بأكملها؛ وهذا متضمَّنٌ بوضوح في ١كورنثوس ١٠: ١٧، كما لاحظنا سابقًا. فما

دام العشاء الربَّانيُّ مائدة الكنيسة، ينبغي للكنيسة أن تحتفل به في اجتماع العبادة المنتظم، الذي يفترض من جميع أعضاء الكنيسة أن يحضروه. لكن لا يعني هذا أنَّ الكنيسة يمكنها أن تحتفل بالعشاء الربَّانيِّ إذا كان كلُّ عضوٍ حاضرًا -"للأسف أيُّها الأحبَّاء، الخالة أُمُّ ماهر مريضة مُجدَّدًا. يبدو أنَّنا لن نتناول العشاء الربَّانيَّ هذا الأسبوع". المقصود فعلًا هو أنَّ الكنيسة ينبغي أن تحتفل بالعشاء الربَّانيِّ بصفتها الكنيسة.

توضيح المعنى

ثانيًا، على الكنيسة أن توضِّح معنى العشاء الربَّانيِّ كُلَّما احتفلت به. وكما لاحظنا في الفصل السابق، يقوم الراعي الذي يقود كسر الخبز بهذه المهمَّة. وفي أغلب الكنائس البروتستانتيَّة، يقود الخادم تناول العشاء الربَّانيِّ بقراءة كلمات يسوع في العشاء الأخير وتفسيرها كما جاءت في تعليم بولس في ١كورنثوس ١١. وأعتقد أنَّ هذه لَمُمارسةٌ حكيمة وسليمة. وإنَّ الرسالة الجوهريَّة التي يجب إيصالها في هذا هي أنَّ العشاء الربَّانيَّ يصوِّر لنا بشارة الإنجيل بصورة ملموسة يُمكن حتَّى تذوُّقها؛ إذ إنَّ الخبز والخمر يُمثِّلان جسد المسيح المبذول لأجلنا ودمه المسفوك عنَّا.

يجب ألَّا يفترض القسُّ أنَّ رسالة هذه العلامات واضحة لسامعيه؛ لذا على من يقود الاحتفال بالعشاء أن يُعلن بشارة الإنجيل كُلَّما احتفلت الكنيسة بالمائدة التي أعطانا إيَّاها يسوع، إمَّا في العِظَة قبل العشاء، وإمَّا في أثناء التحضير لتناول الخبز والخمر. عليه أن يُفسِّر معنى العشاء لجميع الحاضرين.

توضيح من يُمكنه المشاركة ومن لا يُمكنه

ثالثًا، على الكنيسة أن توضِّح من يُمكنه المشاركة ومن لا يُمكنه ذلك. كما لاحظنا في الفصل التاسع، إنَّ العشاء الربَّانيَّ مائدة تختصُّ بالمؤمنين المُعمَّدين الذين ينتمون إلى كنيسة. لذا على من يقود العشاء الربَّانيَّ أن يوضِّح من يُمكنه تناول العشاء الربَّانيّ، ويكون هذا بتوضيحٍ شفويٍّ بسيط.

على الكنيسة ألَّا تترك بعض الخبز والخمر في المقدِّمة وكأنَّها تقول: "المائدة مُتاحة لأيٍّ كان"، لأنَّ هذا يُفسح في المجال لغير مؤمنين ساذجين وغير مُبالين ليأكلوا ويشربوا دينونة على أنفسهم. أمَّا التعبير الصحيح عن المحبَّة، فيتجلَّى في توضيح أنَّ العشاء الربَّانيَّ يخصُّ من وثقوا بيسوع المسيح ليخلِّصهم، وعهدوا أنفسهم له ولشعبه علنًا في المعموديَّة.

كلوا الخبز واشربوا الخمر

رابعًا، على كلِّ من يُشارك في العشاء أن يأكل الخبز ويشرب الخمر. وفي حين يُمارس تقليد بعض الكنائس غمس الخبز بالخمر قبل أكله، أوصى يسوع تلاميذه أن يأكلوا الخبز ويشربوا الخمر (متَّى ٢٦: ٢٦-٢٨). وهكذا يحفظ هذان الفعلان العلامتين المتمايزتين والمتكاملتين اللتين تشيران إلى جسد المسيح المبذول لأجلنا ودمه المسفوك عنَّا. لذا على الكنيسة الاحتفال بالعشاء الربَّانيِّ بأن تدعو جميع المشاركين ليأكلوا الخبز ويشربوا الكأس.

كم مرّة؟

خامسًا، كم مرَّة ينبغي للكنيسة أن تحتفل بالعشاء الربَّانيِّ في الشهر؟ لست واثقًا بالجواب. من جهة قال يسوع: "اصنَعوا هذا كُلَّما شَرِبتُمْ لذِكري" (١كورنثوس ١١: ٢٥)، ويبيِّنُ هذا أنَّ على الكنيسة أن تحتفل بالعشاء غالبًا، لكن دون تحديد مدَّة تكرار هذا. ومن جهة أُخرى، يبدو أنَّ إشارة بولس إلى احتفال الكورنثيِّن بالعشاء الربَّانيِّ عندما "يجتمعون" قد تتضمَّن أنَّهُم يحتفلون به كلَّما اجتمعت الكنيسة معًا (١كورنثوس ١١: ١٧-١٨، ٢٠، ٣٣-٣٤). وكما لاحظنا سابقًا، يقول العدد في سفر أعمال الرسل ٢٠: ٧ إنَّ المؤمنين في اليوم الأوَّل من الأسبوع كانوا "مُجتَمِعينَ ليَكسِروا خُبزًا". فإذا كانوا مُجتمعين **من أجل** أن يكسروا خُبزًا، قد يعني هذا أنَّ العشاء الربَّانيَّ كان جزءًا جوهريًّا من لقائهم الأسبوعيّ.

لهذه الأسباب، تفترض بعض الكنائس أنَّه من الطبيعيِّ أن نُمارس كسر الخبز أسبوعيًّا. ومع أنَّ هُناك أسبابًا جيِّدةً لتُرجِّح هذا، فإنِّي لستُ مُقتنعًا بعد. وأعتقد أنَّ عبارة "كُلَّما شَرِبتُمْ" تُفيد المرونة في التكرار. لهذا أرى أنَّ مسألة تَكرار الاحتفال بالعشاء الربَّانيِّ هي مسألة قناعة. من المؤكَّد أنَّه يُمكن الاحتفال به أسبوعيًّا، وسواءٌ أسبوعيًّا كان الأمر أم لا، فيجبُ أن يُحتفل به.

مع مائدة؟

نهايةً، كما لاحظنا في دراستنا للإصحاحين العاشر والحادي عشر من رسالة كورنثوس الأولى، يتَّضح أنَّ كنيسة كورنثوس احتفلت بالعشاء الربَّانيِّ في سياق مائدة طعامٍ مُتكاملة. تذكَّر أنَّ عبارة "كسر الخبز" تُشير في الأغلب

إلى العشاء الربَّانيِّ في أعمال الرسل ٢٠: ٧، ويبدو أيضًا أنَّ العبارة نفسها في أعمال الرسل ٢: ٤٦ استُخدِمت لوصف مائدةِ طعامٍ اعتياديَّة ممَّا يُرجِّح أنَّ "كسر الخبز" هو مائدة يُحتَفَل فيها بالعشاء الربَّانيّ (لاحظ أعمال الرسل ٢: ٤٢). لكن هل يعني هذا أنَّ العهد الجديد يُطالب الكنيسة أن تحتفل بالعشاء الربَّانيِّ في سياق مائدة طعامٍ؟

لا أعتقد هذا؛ فإنَّ ما أوصانا يسوع به هو أن نأكل الخبز ونشرب الكأس. وهكذا فإنَّ فريضة العشاء الربَّانيِّ هي القيام بهذَين الفِعلَين بصورةٍ جماعيَّة. لذا أظنُّ أنَّ تناول وجبة طعامٍ كاملة ليس جوهريًّا للعشاء الربَّانيّ، وليس عنصرًا أساسيًّا.

لكنِّي، في الوقت نفسه، أودُّ أن أرى كنائس أكثر تحتفل بالعشاء الربَّانيِّ في سياقِ مائدة طعامٍ أكبر؛ إذ إنَّ هذا يُسلِّط الضوء على الشركة التي نتبادلها في العشاء الربَّانيّ، ويشدِّد على حقيقة أنَّنا نذهب إلى الكنيسة لنكون الكنيسة. وهذا لأنَّ الجلوس إلى مائدة معًا، يعبِّر عن قبولنا بعضنا لبعض في المسيح. كما أنَّ تناول شركة طعامٍ بصفته جزءًا من اجتماع الكنيسة، بدل مُجرَّد تناول الضيافة بعد الاجتماع، يبيِّن أنَّ شركة عائلة المسيح جزءٌ جوهريٌّ في هُويَّة الكنيسة.

وكما سبق وقلت، لا أعتقد أنَّ على الكنيسة أن تتناول العشاء الربَّانيَّ في سياق مائدة طعام، لكنِّي أتمنَّى أن أجد كثيرًا من الكنائس تفعل هذا.

هُناك الكثير ليُقال

لا شكَّ أن هُناك الكثير ليُقال ممَّا قد قُلته هُنا، لكنَّني أرجو أن تُوفِّر هذه النقاط الموجزة توجيهًا كتابيًّا في مُمارسة العشاء الربَّانيِّ بطريقة تُكرم المسيح وتَبْني الشعب. وإذا كُنت راعي كنيسة، أُصلِّي أن يمنحك الله حكمة في قيادة الكنيسة لتحتفل بالعشاء الربَّانيّ. وإذا كُنت عضوًا في الكنيسة، أتمنَّى أن تستمرَّ في القراءة، لأنَّ الفصل التالي والأخير يتحدَّث عن الكيفيَّة التي ينبغي أن يأتي فيها الأفراد إلى العشاء الربَّانيّ.

الفصل الثاني عشر

كيف ينبغي للأفراد أن يأتوا إلى العشاء الربّانيّ؟

يختصُّ الموضوع العمليُّ الأخير بالكيفيَّة التي ينبغي أن تأتي بها، بصفتك مؤمنًا، إلى العشاء الربَّانيّ. عندي أربعة كلماتٍ تشجيعيَّة موجَزة لك.

انظُر إلى الصليب

أوَّلًا، انظُر إلى الصليب؛ فالخبز الذي تتناوله والكأس التي تشربها هما علامتان على تضحية يسوع بنفسه من أجلك. لأنَّ يسوع عندما قدَّم جسده ليُصلَب ودمه ليُسفَك، قام بهذا من أجلك أنت. تحمَّل يسوع من أجلك كلَّ العار والألم على الصليب، لا بل غضب الله المهوب نحو الخطيَّة. لهذا يُعلِن لنا العشاء الربَّانيُّ الخلاص الذي حقَّقه المسيح وأتمَّه وأكمَله على الصليب، ويُعلن لنا هذا الخلاص الذي نَقبله، لكن لا نستحقُّه.

لذا عندما تحتفل بالعشاء الربَّانيِّ مع كنيستك، انظُر إلى الصليب. انظُر إلى الصليب بفرحٍ وعَجَب، وبخشوعٍ وعرفان. وإذا تبادر لك أنَّ خطاياك قد تكون أكبر من غُفران الله وأكثر سوءًا ممَّا يحتمل، انظُر إلى الصليب، فإنَّ موت يسوع كافٍ.

انظر حولك

ثانيًا، انظُر حولك. فكما ناقشنا في هذا الكُتيِّب، العشاءُ الربَّانيُّ هو مائدة الكنيسة التي تختم على شركتنا مع المسيح وبعضنا مع بعض. وتُجمِّع هذه المائدة الكنيسة بعضها مع بعض، جاعلة الكثيرين واحدًا.

وليست الفريضةُ ممارسةً تأمُّليَّة فرديَّة يصدُفُ أنَّ تحدث في الوقت نفسه الذي يُمارسها فيه آخرون. لذا تمتَّع بهذه الجَمعة في العشاء الربَّانيّ، ولا تُغلق عينيك وتعترف بخطاياك فحسب، بل انظُر من حولك بدهشة إلى من فَداهُم الربّ. واستفد من المُمارسة المنتظمة للعشاء لتتفحَّص إذا ما كُنتَ قد أخطأت إلى الآخرين ولم تعترف، أو جرحتَ الجسد بطريقةٍ ما تحتاج أن تُعالجها. وإذا وجدت أيًّا من هذا، سارع في التصرُّف إلى تحسين الأُمور، حتَّى لو تطلَّب هذا مُحادثة قصيرة وهامِسة في وسط الكنيسة.

وأُشجِّعك أيضًا أن تبتهج بالوحدة وسط التنوُّع التي يُشير إليها العشاء الربَّانيُّ ويُؤكِّدها؛ فإنَّنا كثيرون لكنَّنا مُتَّحِدون. ولا يُمكن أن تقوى الاختلافات التي قد تُفرِّقنا على دم المسيح الذي يُخلِّصنا ويُوحِّدنا. وطالما أنَّنا نشترك في خُبزٍ واحد، فإنَّنا جميعًا نقبلُ المُخلِّص نفسه. وكما عبَّر كاتب ترانيمَ عن هذا حديثًا: "الضعفاء والأقوياء تحت دمه. فالجميع خاوي الوِفاض يجب أن يأتوا، ليستقوا من نَهرِ حُبِّه".[٥] في العشاء الربَّانيّ، تختفي الحواجز. وهذا ينبغي أن يزرع في قلب كلِّ مسيحيٍّ سعيًا شغوفًا إلى الوحدة.

لذا عندما تتناول العشاء الربَّانيّ، انظُر حولك، وتذكَّر أنَّ المسيح الذي خلَّصك هو نفسه الذي خلَّص إخوتك وأخواتك مِن حولك، وأنَّك في ربحك للمسيح مُخلِّصًا، ربحتَ شعبه عائلةً.

انظُر قُدُمًا

ثالثًا، انظُر قُدُمًا. وكما لاحظنا في الفصل الخامس، لا ينظُر العشاءُ الربَّانيُّ خلفًا إلى الصليب، بل ينظُر قُدُمًا إلى الملكوت الآتي. سيأتي يومٌ سيُقيمُ فيه المسيح نفسه مائدةً لنا ويحتفل معنا (متَّى ٢٦: ٢٩). وسيأتي هذا اليوم الذي فيه سيُقيمُ الله حفل عُرسٍ للمسيح وعروسِه (رؤيا يوحنَّا ١٩: ٧، ٩).

كلُّ غِنى الشركة الذي نتمتَّع به الآن مع المسيح وشعبه في العشاء الربَّانيِّ ما هو إلَّا صورة لما سيأتي. ليس هذا الطبقَ الرئيسيَّ، بل مُجرَّدُ مُقبِّلاتٍ للمائدة القادمة. لذا انظُر قُدُمًا؛ فالله وفى بوعده بأن يغفر لشعبه، وهذا بموت المسيح وقيامته، وقد صالَحَنا لنفسه، ليُحرِّرنا من عبوديَّة الخطيَّة. وأيضًا سيفي بوعده بأن يُجدِّد العالم ويقضي على الموت ويجتمع بشعبه إلى الأبد. لهذا كُلَّما أكلتَ الخُبز وشربت الكأس، انظُر قُدُمًا برجاء وتوقُّعٍ واشتياق؛ فالله احتفظ بالأفضل حتَّى النهاية.

انظُر إلى الداخل وخلفًا إلى الصليب

نهايةً، انظُر إلى الداخل وخلفًا إلى الصليب. العشاءُ الربَّانيُّ هو وقتٌ مناسبٌ لتمتحن نفسك وتعترف لله بخطاياك. تمنحنا بشارة الإنجيل غفرانًا لأنَّنا نحتاج إليها، والمسيحُ بذل دمه عنَّا لأنَّ موته وحده يفدينا من خطايانا.

لذا ينبغي أن تستذكر في العشاء الربَّانيِّ من جديد حاجتنا إلى الغُفران وأن نعترف فيه لله بكلِّ ما فعلناه ولم نُمجِّد الله فيه.

لكن لا تتوقَّف هُنا؛ لأنَّك ستفوِّت الفكرة كُلِّيًا إذا صار العشاءُ مناسبةً يتراكم فيها عليك الشعور بالذنب. فالعشاء الربَّانيُّ يُعلن لنا أنَّ ذنبنا قد غُسِل، ودَيننا قد دُفِع، وعقابنا قد عُفي عنه، وخطايانا غُفرت ونُسِيت. لذا انظُر إلى داخلك، ثُمَّ انظر مباشرةً خلفًا إلى الصليب.

مُجدَّدًا من البداية

هدفُ العشاء الربَّانيِّ هو رسالة الإنجيل؛ فرسالة الإنجيل تُحرِّرنا من الخطيَّة وتُصالحنا لله، وتهبنا الله أبًا لنا، والمسيح أخًا أكبر، وجميع القدِّيسين إخوةً وأخوات. تُوحِّدنا بشارة الإنجيل بالمسيح وبعضنا ببعض.

وهكذا يُصوِّر العشاءُ الربَّانيُّ كُلَّ هذا لنا ويجعله حقيقيًّا لنظرنا ولمسنا وتذوُّقِنا. وفي العشاء الربَّانيّ، نتَّصِل بالمسيح، ومنه بعضنا ببعض. عندما نأكل الخبز ونشرب الكأس، نُؤكِّد ثقتنا بالمسيح والتزامنا نحو شعبه. وعندما نحتفل بالعشاء الربَّانيّ، نحتضن المسيح من جديد، ونحتضنُ أيضًا كُلَّ شعبه.

مراجع

١. راجع كُتيِّب "فهم المعموديَّة" من هذه السلسلة بقلمي، تحديدًا الفصل الأوَّل.

٢. لتجد المزيد عن هذه النقطة، راجع:

Anthony C. Thiselton, The First Epistle to the Corinthians: A Commentary on the Greek Text, NIGTC (Grand Rapids, MI: Eerdmans, 2000), 767.

٣. لتجد المزيد عن جميع المواضيع التي يُناقشها هذا القِسْم، راجع هذَين الكتابين بقلمي:

كُتيِّب "فهم المعموديَّة" من هذه السلسلة

Going Public: Why Baptism Is Required for Church Membership (Nashville, TN: B&H Academic, 2015)

٤. لتجد المزيد عن هذا الموضوع، راجع كُتيِّب "فهم القيادة الكنسيَّة" لمارك دَفَر

٥. Wesley Randolph Eader, "Victory in the Lamb," available at http://noisetrade.com/wesleyrandolpheader

فهرس الشواهد الكتابيَّة

الشاهد	الصفحة
تكوين	
٩: ١٣-١٥	٤٢
١٥: ١٢-١٧	١٥
١٧: ١٠-١٤	٤٢
خروج	
٢: ٢٣-٢٥	١٥
٤-١٠	١٥
٤: ٢٢-٢٣	١٥
١١: ١-١٠	١٥
١٢: ١-٨	١٦
١٢: ٨	١٦
١٢: ١١	١٦
١٢: ١٢-١٣	١٦
١٢: ١٤	٢١
١٢: ١٤-٢٠، ٢٤-٢٧	١٦
١٢: ٢٦-٢٧	١٧
١٢: ٤٣	١٧
١٢: ٤٧	١٧
١٢: ٤٨	١٧
١٣: ٨	٣٨
١٣: ١٤	٢٠
٢٤	٤٢
٢٤: ٨	٤٢
٢٤: ٩-١١	٤٢
تثنية	
٢٦: ٥-٨	١٧
إشعياء	
٢٥: ٦-١٠	٣٣
إرميا	
٣١: ٣١-٣٤	٢٠

٩١

متَّى		أعمال الرسل	
١٢: ٤٦-٥٠	٦٥	٢: ٣٨-٤١	٦٣، ٦٥
١٨: ١٥-١٧	٦٨	٢: ٤٢	٣٩، ٨١
٢٦: ١٧-٢٨	١٩	٢: ٤٦	٨٠
٢٦: ٢٦-٢٨	٢١، ٣٩، ٧٩	١٤: ٢٣	٦٥، ٧٤، ٧٥
٢٦: ٢٨	٢٠	١٥: ٤١	٦٥
٢٦: ٢٩	٣٢، ٨٥	١٦: ٥	٦٥
٢٨: ١٩	٤٥، ٦٣	١٨: ٢٢	٦٥
		٢٠: ٧	٣٩، ٦٩، ٨٠
مرقس		٢٠: ١٧، ٢٨	٧٤
١٤: ١٢-٢٦	١٩		
١٤: ٢٢-٢٤	٣٩	رومية	
١٤: ٢٤	٤٢	٨: ٢٤	٣١
		٨: ٢٥	٣١
لوقا		١٠: ١٤-١٧	٤٩
٢٢: ٧-٢٣	١٩		
٢٢: ١٤-١٥	١٩	١ كورنثوس	
٢٢: ١٧-٢٠	٣٩	١: ٢	٥٦
٢٢: ١٩	٢٠، ٢١، ٣٨، ٤٥	٥: ٩-١١	٢٩
٢٢: ٢٠	٢٠	٥: ١٠	٦٦
		٥: ١١-١٢	٦٦
يوحنَّا		٥: ١١-١٣	٦٦
٢: ١٠	٣٤		

٣٩	١١: ٢٠-٢٢	٢٤	٨: ٤
٢٧	١١: ٢١-٢٢	٣٥، ٥٦	١٠-١١
٢٨	١١: ٢٣-٢٥	٢٣	١٠: ١٤
٨٠	١١: ٢٥	٢٣	١٠: ١٤-٢٢
٢٨، ٣٢، ٣٨	١١: ٢٦	٢٥، ٣٧، ٤٠	١٠: ١٦
٢٨، ٤٠، ٦٢	١١: ٢٧	٢٥، ٣٧، ٤٤، ٤٨، ٥٢، ٥٧، ٧٧	١٠: ١٧
٢٨	١١: ٢٨	٢٤	١٠: ١٨
٢٨، ٤٠	١١: ٢٩	٢٣، ٤٨	١٠: ١٦-١٧
٢٩	١١: ٣٠	٢٤	١٠: ١٩-٢٠
٢٩	١١: ٣١-٣٢	٢٤	١٠: ٢١
٢٩، ٣٦، ٥٦	١١: ٣٣-٣٤	٢٤	١٠: ٢٢
٥٠	١٢: ٣	٢٤	١٠: ٢٧
٦٥	١٢: ١٢-٢٦	٣٦، ٧٨	١١
٢كورنثوس		٢٧، ٣٦، ٥٦	١١: ١٧
٦٨	٢: ٦-٨	٨٠	١١: ١٧-١٨، ٢٠، ٣٣-٣٤
أفسس		٤٣	١١: ١٧-٣٤
٦٥	٢: ٢١-٢٢	٣٦، ٥٦، ٥٧	١١: ١٨
٧٤	٤: ١١-١٢	٢٧	١١: ١٨-١٩
٧٥	٤: ١١-١٦	٢٧، ٣٦، ٥٦	١١: ٢٠
٣٢	٥: ٢٢-٣٣		

WORDsearch® Bible – Is a Branch of LifeWay Christian Resources – it has been supplying high quality Bible study software since 1987, serving those who change lives through preaching and teaching. WORDsearch® offers preachers, teachers and students of the Word of God thousands of Bibles and books that make Bible study faster, easier and more enjoyable. WORDsearch® is also available for free on iphone, ipad, and on Android phones and tablets through the MyWSB.com application.